Holland

ぶらりあるき

オランダの博物館

Museum

中村　浩

Hiroshi Namkamura

芙蓉書房出版

国立美術館
（アムステルダム）

マヘレのはね橋
（アムステルダム）

エルミタージュ美術館アムステルダム分館
見事な銀細工製品（アムステルダム）

ハイネケン・エクスペリアンス
の蒸留タンク（アムステルダム）

西フリージアン博物館（ホールン）

オランダ鉄道博物館（ユトレヒト）

二十世紀博物館（ホールン）

テイレルス博物館の絵画展示室
（ハーレム）

オルゴール博物館のストリートオルガン
（ユトレヒト）

ビネンホフの幻想的な建物群（ハーグ）

城塞（ライデン）

古代博物館（ライデン）
蓋に被葬者の姿を表現した棺

市立美術館（ハーグ）

おもちゃ博物館（ホールン）
修道院の生活のジオラマ

ボイマンス・ファン・ベーニンゲン美術館
（ロッテルダム）

ランバート・ファン・メールテン博物館
のタイル展示（デルフト）

ロイヤル・デルフト工房・
博物館（デルフト）

ロッテルダム海洋博物館
グランドホール壁面の船
舶模型

はじめに

オランダは、一五世紀以来東アジアで交易を拡大してきました。江戸時代の鎖国期間にあっては、数少ない西洋文化の窓口として、また交易国としておおいに寄与した国でした。私たちの中に「オランダ」という響きに親しみがあるとすれば、そのような歴史的事情があるからでしょう。しかし、私たちはオランダについて「チューリップ」、「水車」、「水路運河」「酪農（チーズ）」など断片的な知識はあっても、その詳しい内容まではわからないというのが正直な印象でしょう。この本を書くまで私自身もオランダについての知識はほとんどありませんでした。アムステルダムをはじめオランダ各地の博物館を訪問するにつけて、次第にその魅力にのめりこんでいったといえます。

オランダは、国土はさほど広くないので列車で数時間以内に大抵の都市を訪れることができました。オランダの博物館は、歴史と伝統が根づき、育まれていった結果として生まれたのです。今回それらの博物館を訪れ、あらたな驚きと発見に接したことは、かってない素晴らしい体験となりました。

「ぶらりあるき博物館」シリーズでは一つの都市を中心に博物館を紹介してきましたが、前回のミュンヘンからは、交通アクセスが良い場合には一都市を中心にしてほかの都市の博物館も巡るというように変えました。今回もオランダの首都アムステルダムを中心として、ライデン、ハーグ、ロッテルダム、デルフト、ハーレム、ホールン、ユトレヒトなど多くの都市の博物館を訪ねました。このほかにもオランダには見るべき博物館は多くありますが、それらの訪問は次の機会に譲りたいと思います。

アムステルダムへは日本からの直行便があり、それぞれの都市には鉄道を利用すれば大抵は二時間以内に行けますので、興味を持たれた読者の方も比較的容易に訪れることが出来るのではないでしょうか。なお記述に当たっては、アムステルダムの博物館は従来の種類別に従った記述をし、他の都市については代表的な博物館を紹介するように心がけました。

博物館には、その地域の歴史や伝統、文化が凝縮されています。本書がその魅力を訪ねる指針の一つとなるように願っています。

末筆ながら、本書刊行に際して、種々ご迷惑をおかけした畏友前田弘隆氏、冨加見泰彦氏、さらに編集の労をとられた平澤公裕氏に深く感謝いたします。

二〇〇八年七月

中村　浩

ぶらりあるき
オランダの博物館

オランダ中部の博物館

オランダ南部の博物館

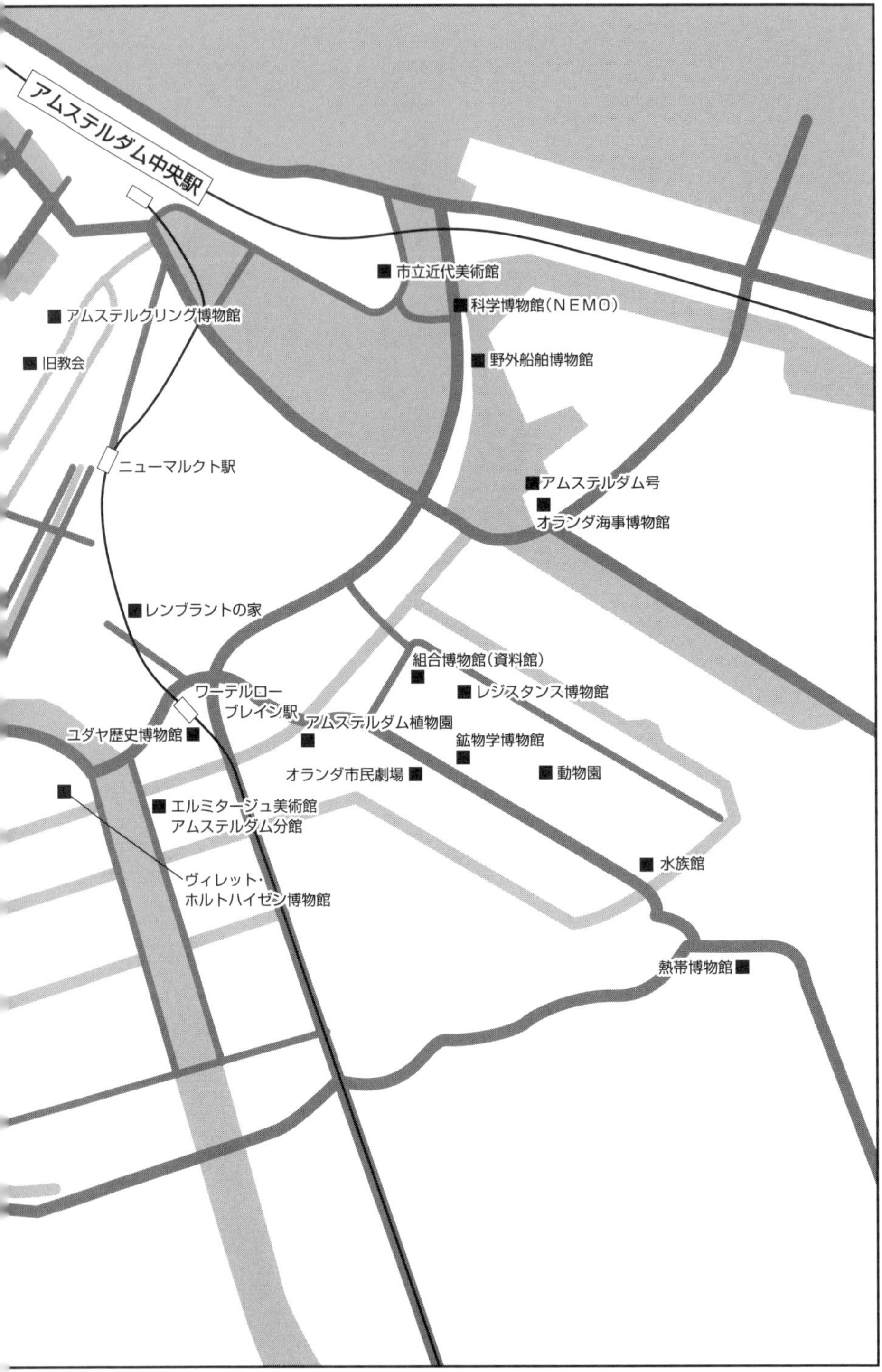
アムステルダム中央駅
市立近代美術館
科学博物館(NEMO)
アムステルクリング博物館
旧教会
野外船舶博物館
ニューマルクト駅
アムステルダム号
オランダ海事博物館
レンブラントの家
組合博物館(資料館)
レジスタンス博物館
ワーテルロー
ブレイン駅
アムステルダム植物園
ユダヤ歴史博物館
鉱物学博物館
オランダ市民劇場
動物園
エルミタージュ美術館
アムステルダム分館
水族館
ヴィレット・
ホルトハイゼン博物館
熱帯博物館

アムステルダム
アンネ・フランクの家
西教会
演劇博物館
新教会
ダム広場
王宮
マダムタッソー蝋人形館
アムステルダム
歴史博物館
ハウスボート・
ミュージアム
アラルド・ピールソン
考古学博物館
聖書博物館
写真博物館
アムステルダム大学
図書館展示室
カッテンカビネット
（猫の博物館）
ファン・ローン博物館
国立美術館
ダイヤモンド工房・博物館
国立ゴッホ美術館
ハイネケン・エクスペリアンス

オランダ全図
北　海
オ
ラ
ン
ダ
ホールン
アルクマール
ザーンセ・スカンス
ハーレム
アムステルダム
ライデン
ハーグ
ユトレヒト
デルフト
ゴーダ
ロッテルダム
ドイツ
ベルギー

アムステルダムの博物館

1 歴史・宗教を知る博物館

王宮
アムステルクリング博物館
アムステルダム歴史博物館
アムステルダム大学図書館展示室
アムステルダム中央駅
西教会
旧教会
新教会
聖書博物館
ファン・ローン博物館
ヴィレット・ホルトハイゼン博物館

十七世紀、ヨーロッパ列強がこぞって世界に進出した時代を大航海時代と呼んでいます。

オランダは一六〇二年に、アジア貿易の拠点としてインドネシア・ジャワ島に東インド会社を設立し、これを契機として海洋国家として発展し黄金時代を迎えます。アムステルダムなどの都市は貿易や商業の基地として発展しましたが、同時に芸術、科学、文学の分野でも輝かしい足跡を残しました。現在のオランダにはこの時代の建造物や遺跡のほか多くの文化遺産が残されています。

ここでは、オランダの歴史を考える上で重要な博物館や遺跡（遺産）、そしてオランダ人の精神形成に大きな影響を与えたキリスト教会の建物や博物館を紹介します。

Koninklijk Paleis

王　宮

⬇T1・2・4・5・9・13・14・16・17・24・25　Dom

アムステルダム中心部のダム広場の西側にルネサンス様式の荘厳な建物があります。この建物は一六四八年にオランダがネーデルランド連邦共和国として独立したとき、市庁舎として建てられました。フランス革命後にフランス領となり、皇帝ナポレオンの弟のルイ・ナポレオンがオランダ国王になりました。そのとき以来、この建物は王宮として使われました。後にオランダ政府の所有となり、現在は迎賓館として使われています。二〇〇七年八月に訪れたときは、改修工事のため周囲に大きな工事用の塀が設けられていました。

ダム広場の名称は、十三世紀にアムステル川を利用したダムの跡地を広場にしたことに由来します。広場の中央には第二次大戦戦没者慰霊塔が建てられており、市内でもっとも賑わうところです。

■ダム広場に面して建つ王宮
王宮前ではコンサートや様々なパフォーマンスが行なわれ、多くの人で一日中賑わっています

■ダム広場
マダムタッソー蝋人形館から見たダム広場。中央に見える道路の奥にアムステルダム中央駅があります

Amstelkring Museum

アムステルクリング博物館

⬇Amsterrdam centraal駅

アムステルダム中央駅から少し歩いた旧教会の近くにある博物館です。外壁や窓枠が全体に白くペイントされた質素な建物です。入り口に「MUSEUM」と記された三色の旗が掲げられているのでわかりますが、これがなければオフィスビルという印象です。

オランダではキリスト教内部の対立の結果プロテスタントが勢力を持ち、一五七九年にカトリックのミサが禁じられました。カトリック信者たちは迫害の中でも密かに信仰を続けたといいます。信者たちがミサを行った「屋根裏部屋の教会」と呼ばれる隠れカトリック教会はアムステルダム市内各所にあったとされていますが、現在残されているのはここだけです。

博物館には、十八世紀当時の礼拝堂、聖職者の部屋、日常生活や儀式に用いた道具類が展示されています。

礼拝堂の中央祭壇にはキリスト像が、そしてその背後にはキリストと天使が描かれた大きなフレスコ画があります。左右の柱は大理石製で、壁には油彩画や木造彫刻が飾られています。礼拝堂の両側には幅二メートルものテラスが上下二段にわたって設けられ、木製の椅子が置かれています。ここからも礼拝できるようになっているのです。このテラスの壁にも宗教画が何枚も掲げられています。内装はかなり豪華なのですが、窓にはステンドグラスなどはなく、ごく普通の透明なガラス窓になっています。この建物が教会だと気づかれないようにしていたことがわかります。

礼拝堂の背後の部屋には、陶板に描かれた宗教画や、ガラス製、黄金製の聖杯、十字架、燭台、花瓶など、宗教儀式に用いる祭具がケースに集められて展示されています。また、白地に藍色の大小さまざまな染付け磁器皿が無造作に飾られています。美しい灯火具の磁器は、中心の柱から各方向に灯台が伸びており、意匠の斬新さや細工、青色の呉須で描かれた草花文様が素晴らしいものです。この灯火具のペーパークラフトは、市内の他の博物館のミュージアムショップでも販売されていました。

■染付けの燭台
台の部分は獣の足が表現され、六角形の角ごとにロウソクが灯せるようになっています。この燭台のクラフト模型が販売されていました

■アムステルクリング博物館外観
建物自体はアムステルダム特有のカナルハウスの一つです。旗が掲げられていないと、ここが博物館だと気づかないかもしれません

■内部の礼拝堂
世間の目を避けて信者がひそかに信仰をつづけていた場所とは到底思えないほどの豪華さに驚きです

アムステルダム歴史博物館

Amsterdams Historisch Museum

⬇T1・2・5 Spui駅

王宮のあるダム広場の南、約二〇〇メートルの大通り東側にあります。この博物館は、アムステルダム市制七〇〇年を記念して一九七五年に開館しました。十七世紀に孤児院であった建物をリニューアルしたものです。十三世紀から現在までのアムステルダムの歴史に関する資料がコレクションされています。また「集団肖像画」と呼ばれる大きな絵画作品も多く展示されています。大きな作品は相当後方からでないと全体が見えないのですが、充分なスペースがないため一望できないものもあるのが残念でした。

展示は、「一五五〇年（巨大都市）」、「一八一五年（最強の街）」などと時代ごとにまとめられています。オランダがヨーロッパ列強と競って海外進出し、最も国力が充実した時代だったようです。この時期に活躍した人物の胸像や肖像画、当時の市街地の様子を描いた絵画、地図などが展示されています。このほか、甲冑や槍などの武器、当時の王宮のジオラマもありました。中央に「VOC」（オランダ東インド会社）のマークの入った染付け磁器の大皿などは、当時オランダと交流のあった貿易国、日本や中国からの輸入陶磁です。また、当時の暮らしぶりを精巧な家具、調度品の模型で復元したドール・ハウスなども展示されています。「一九四〇年から二〇〇〇年のグランドツアー」というコーナーでは、第二次世界大戦から後のオランダの現代史をパネルや生活用具で展示しています。

また、建設工事の際に地下から掘り出された考古遺物も、発見された地層ごとにまとめられて展示されています。それぞれの遺物の時代差が一目瞭然であるのはありがたい配慮といえます。

■アムステルダム歴史博物館の建物の一部と入口

■入口部分の展示
展示品と映像でアムステルダムの歴史を概観できるようになっています

■銀色に輝いている武器（槍）、武具（甲・冑）の展示

Universitsbibliotheek

アムステルダム大学図書館展示室

⬇T1・2・5 Spui駅

市街地中央部の運河に面して立つアムステルダム市立大学の付属図書館の中で、図書館の所蔵している古典籍などの資料が展示されています。大学図書館に付設された貴重図書コレクションの公開施設です。

アムステルダム市街地の印刷地図を中心に、彩色の筆写本地図などが展示されており、アムステルダムの歴史を垣間見ることができます。またさまざまな大きさの地球儀が置かれていましたが、そこに描かれた世界地図は現在とは少し異なっており、ヨーロッパ、オランダから見た世界がわかります。

Amsterdam Centraal Station

アムステルダム中央駅

⬇Amsterrdam centraal駅

一八八九年に建てられた、アムステルダムの鉄道の玄関口です。設計者はペトロス・カイパースです。中央の建物の左右に塔が付属する構造ですが、どこかで見たことのあるような駅です。実は東京駅丸の内口駅舎のモデルとなったのがこの駅だったのです。この駅からはオランダ各地だけでなく、ベルギー、ドイツ、フランスへと路線が広がっています。黄色の車体に細いブルーのラインのオランダ独特の列車、クリーム色の車体のドイツ国鉄の列車などが停車していました。

■アムステルダム中央駅の建物

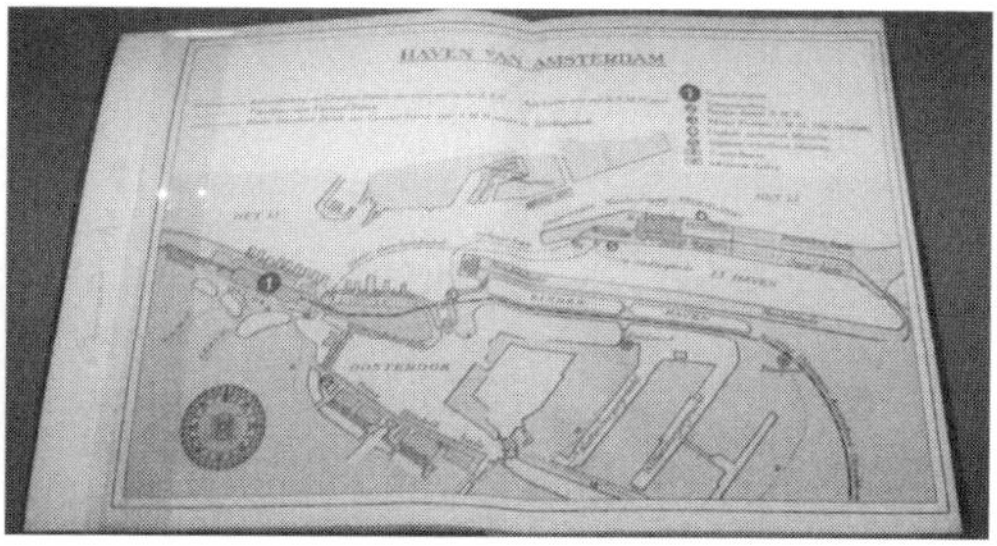

■アムステルダム市立大学図書館の古絵図の展示

駅の裏手はすぐ海です。「陸の玄関口」から船を見るというのも何とも言えない感覚です。

ここ数年、建物の補修・改修工事が連続しているようで、何度か訪れているのですが、防護柵や建設機械などに遮られて全体の写真が撮れないのが残念でした。

Westerkerk

西教会

⬇T1・13・14・17 Westermarkt駅

十七世紀に建てられたプロテスタントの教会で、高さ八十五メートルの塔はアムステルダム市街地でもとても目立っています。ネーデルラントルネサンス様式の建物ですが、一部にマニエリズムの形態も見られます。一六三八年に建てられた塔には、アムステルダム市の紋章の王冠が飾られています。外観は単純で入り口も狭いのですが、内部の広さには驚かされます。教会の角を曲がって運河沿いに少し歩いたところにアンネ・フランクの家があり、教会の南西角にはアンネの銅像が建てられています。

Oudekerk

旧教会

⬇Amsterrdam centraal 駅

十三世紀初頭建築の、アムステルダム最古の教会です。もともとカトリック教会でしたが、十六世紀の宗教改革後にプロテスタント教会となりました。修復工事の際の調査によって、建築当初ロマネスク様式だったことがわかりました。一四二一年のアムステルダム大火のときも難を逃れた建物です。重厚な建物、美しい尖塔、ステンドグラスなど見応えがあります。政府公認売春街「飾り窓」地区に隣接しているので夜間は避けたい場所です。

新教会

Nieuwekerk

⬇T1・2・4・5・9・13・14・16・17・24・25 Dom駅

王宮前広場の北側にある後期ゴシック様式の教会です。十四世紀に建造された後、何度も火災に遭い、修復が繰り返された歴史があります。一八四一年からは歴代の王の戴冠式が行われており、現在のベアトリクス女王も一九八〇年に戴冠式を行っています。内部は、天井を支える柱の装飾、壮大な祭壇、説教台、花鳥文様などの彫刻が見られるステンドグラスの窓など荘厳な教会の雰囲気を感じさせます。現在は、近・現代美術作品の展示や、ファッション・モードの発表など、さまざまなイベント会場として利用されています。教会がイベント会場になっていることに違和感もありますが、重厚な雰囲気がイベントの盛り上げに一役買っているのかもしれません。

■西教会建物全景

■西教会の前に立てられているアンネ・フランクの銅像

■新教会のステンドグラス

■新教会建物正面

■新教会の中で行われている展示会の様子

聖書博物館

Bijbelsh Museum

⬇T1・2・5 Spui駅

ヘーレン運河に面して建つ六階建ての博物館です。高低差のある二つの塔がひときわ目立っています。開館は一八五一年で、オランダでも古い博物館の一つです。貴族のクロムハウトの邸宅だったカナルハウス（運河に沿って建てられたレンガづくりの建物）を利用したもので、建物だけでも一見の価値があります。

この博物館はリーデント・ショーテン（一八二八―一九〇五）が開設しました。ショーテンは、ユダヤ教の聖体容器のユニークなモデル、ヘブライ語の古典書籍、自然史に関する遺品類、エジプト古美術品、考古学遺物、キリスト教の公式文書など、古い作品を精力的に収集し、これらのコレクションを公開する施設としてこの博物館を開設したのです。

名称から聖書が並んでいる博物館とばかり考えていましたが、実にさまざまなコレクションを見ることができます。エジプトの青銅製の彫刻像やミイラをつくる際にその内臓を分別して入れる石製容器など、全く予想していないものもあります。砂漠のアラブ民族の日常生活風景のジオラマは、中央部の居住施設の周囲に、食糧の調理風景や、楽隊の演風景、祈りを捧げている人物群などを配しています。このジオラマは照明によって昼と夜の風景が見られるようになっています。バイブル・ルームと呼ばれる展示室では、この博物館が収集してきた古今東西の聖書コレクションが展示されています。

また、一六六〇年に造られたこの建物の初期からあったスモールキッチンや、一七一八年に作られたグレート・キッチンなど、当時の典型的な台所の様子がよくわかります。

■聖書博物館
建物は運河に面して建てられたアムステルダム独特のカナルハウスです

■聖書の展示

■アラブ民族の生活を再現したジオラマ

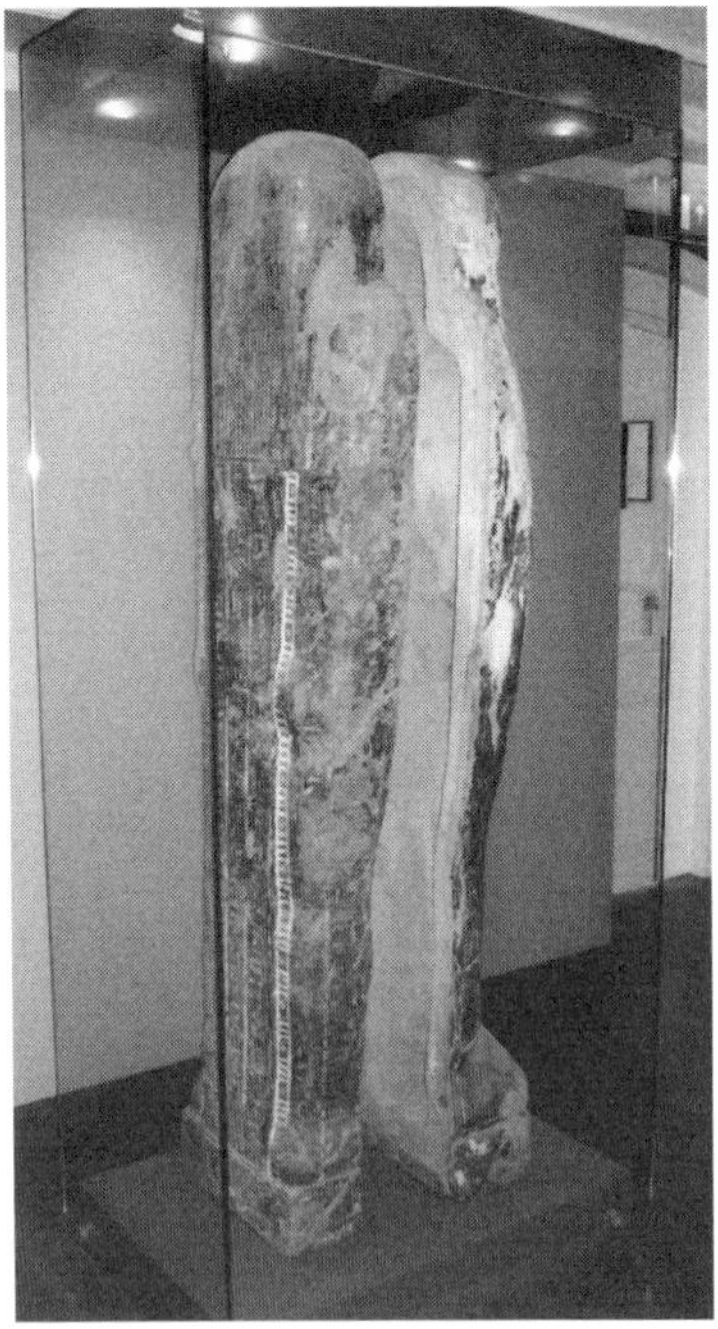

■ミイラの棺

■エジプト青銅像の展示
創設者のコレクションでもあるエジプトに関連するコレクションが多く見られます

■ミイラの内臓を入れる容器

■ファン・ローン博物館

■美しく整備されたファン・ローン邸の庭園を望む

■ダイニングルーム
17〜18世紀の貴族の暮らしぶりが偲ばれます

■1784年以来使用されていた寝室

ファン・ローン博物館

Museum Van Loon

⬇T16・24・25 Keizersgracht駅

カイザー運河に面した建物です。一六七一年にイレミス・ファン・ラーイが建てた二棟のカナルハウスを利用して博物館にしたものです。

ファン・ローン一家は、十六世紀にスペイン軍から逃れてアムステルダムに移住してきました。一族からはアムステルダム市長や東インド会社の設立者を輩出しました。オランダの豪商としても知られています。十八世紀中頃に栄華を極めた一族の華麗なる生活ぶりがうかがえる建物です。三階まで吹き抜け構造で、当時の豪商の豪勢な暮らしぶりをうかがわせる部屋やインテリアを見ることができます。贅を尽くした家具や陶磁器、金属器などの調度品がそのまま置かれています。中庭は、ルネサンス様式の植栽が丁寧に刈り込まれた庭園です。

ヴィレット・ホルトハイゼン博物館

Willet Holthuysen Museum

⬇M51・53・54 Weesperplein駅

マヘレの跳ね橋の架かるアムステル川からヘーレン運河が分岐する地点のやや西にある建物です。アブラハム・ヴィレット夫妻とピーター・ホルトハイゼン夫妻の居住した建物を博物館としたもので、十九世紀中頃のアムステルダムの文化をうかがうことができます。

ヴィレット夫妻は夏にはパリ郊外の別荘で過ごすのが常でした。アブラハム・ヴィレットは妻が情熱的に芸術を愛したおかげで、ヴェネツィアガラスをはじめドイツ磁器、銀器、歴史的価値のある書物や写真、版画、近代のオランダ及びフランス絵画のコレクション等を収集しました。これらのコレクションはオランダでも屈指のコ

■ヴィレット・ホルトハイゼン博物館

■ダイニングルームとキッチン

■ブルーの壁紙のこの部屋はブルー・ルームと呼ばれています。天井には1744年に描かれたフレスコ画があります。18世紀にこの部屋はサロンとして使われていました

レクションとして知られ、現在は国立博物館に収められています。

　この建物は一六八五年から一六九〇年にかけて建てられました。最初の住人はジャコブ・ホップという人物でした。その後一七三九年から一七五七年にかけてウィリアム・G・ダウチによって近代的な建物に改装されます。一八五五年にピーター・G・ホルトハイゼン夫妻が五万ギルダーでこの建物を購入し、一八五七年五月にここに移り住みました。十九世紀にはファッショナブルな公式レセプションルームとして利用されています。

　入口まではごく普通の伝統的な建物ですが、一歩中に入るとオランダの富豪層の生活を感じさせる空間が広ります。洗練された家具・調度品やシャンデリア、暖炉、壁や絵画などいずれもすばらしいものばかりで圧倒されます。テーブルに置かれた豪華な銀製の食器を見ていると、今にも料理が運ばれ、楽しいディナーが始まりそうです。中庭も手入れが行き届いており、ファン・ローン邸のカナルハウス同様、その豪華さに圧倒されます。

2 考古学・民族学に関する博物館

アラルド・ピールソン考古学博物館
熱帯博物館
ユダヤ歴史博物館

アムステルダムの考古学博物館では、エジプト、ギリシャ、ローマ文化を中心に展示しているアラルド・ピールソン考古博物館と、オランダの考古学展示中心のアムステルダム歴史博物館が有名です。アムステルダム歴史博物館は先に紹介したので省略しました。

民族学の博物館では、オランダの植民地であったインドネシアを中心に紹介した博物館がデルフトにありますが、アムステルダムでは、対象範囲を中近東、東アジア、アフリカ、中南米にまで広げたコレクションがある熱帯博物館が充実した内容を誇っています。また、ユダヤ博物館はユダヤ民族の歴史を紹介するものですが、同様の博物館はフランス、オーストリア、ドイツなどヨーロッパ各国にあります。

Allard Pierson Museum

アラルド・ピールソン考古学博物館

⬇T 4・9・14・16・24・25 Muntplein駅

アムステルダム市街地中央部の運河に面しているアムステルダム市立大学付属博物館です。W・A・フロガーによって建てられたもので、ギリシャ、ローマの様式を取り入れた大理石づくりです。アラルド・ピールソンはワロン派の牧師で、一八七七年に創立されたアムステルダム市立大学の美学・美術史の教授でした。彼を記念して一九三四年創立の博物館の名称が付けられました。エジプト、ギリシャ、ローマ、エトルリア、南イタリア及びシシリー、中近東の考古遺物コレクションは、土器、石器、青銅器、石製彫刻など多岐にわたっています。

建物は二階建て、展示も二フロアです。入口を入ると、以前銀行として使われていたことがわかる重厚感ある内装が目立ちます。一階正面にチケット売り場とミュージアム・ショップがあります。壁面にギリシャの黒絵陶器を手にした人物の肖像画がかけられています。これがアラルド・ピールソンなのでしょう。

エジプトの考古遺物といえばミイラでしょう。ここでも、色彩豊かなミイラを収めた木棺がいくつも展示されています。また墳墓から発見される副葬品も見ることができます。例えば、被葬者が死後の世界でも生前同様の暮らしが出来るようにとの願いから作られた船遊びや作業小屋で働く奴隷たちの様子を表現した模型

■博物館の入口

■アラルド・ピールソン考古学博物館

■ミイラと棺の展示

■ギリシャ陶器を持つ
アラルド・ピールソン

■棺の蓋表面に描かれた生前の被葬者の肖像

■エジプトの墳墓から発見された遺物（調理場の模型）

■子犬？の土人形

■先端に牛頭装飾のある角杯

などです。葬られた人物の生前の顔を棺の蓋に描いたものは、主要部分のみが切り取られて展示されていました。このほかにも、ブルー、グリーン、イエローなどの色彩の陶器製の小さな人形や壺などの副葬品、内臓を入れる容器などもコレクションに含まれています。

二階は約半分のスペースがローマ時代の遺物展示で、ギリシャ、中近東、南イタリアとシシリー地域と続きます。ギリシャの遺物では、ブロンズ彫刻の一部や黒絵陶器、赤絵陶器の壺や皿などがあります。また、地中海から引き上げられたと見られる「海あがりの遺物」も展示されています。底が尖った独特な形のアンフォラはぶどう酒の運搬や保管に利用されたもので、胴部の随所に海から引き上げられた証拠でもある白い貝殻のような付着物が見られます。このほか、子犬の土人形、牛の頭の装飾が見られる角笛など楽しい作品もたくさんありました。

熱帯博物館

Tropen Museum

⬇T16・24・25 Keizersgracht駅

動物園から少し南に歩くと博物館の建物がオースター公園の木々の間に見えてきます。一九一〇年に設立された王立熱帯研究所（ＫＩＴ）の付属施設として一九二六年に開館しました。トロピカルすなわち熱帯地域および亜熱帯地域に関する資料を集めた民族博物館です。

展示は一階と二階の二フロアです。中央部分は吹き抜けで、もともと広い館内が一層広く見えます。

一階は「東への跳躍」「芸術、文化と植民地主義」というテーマで、かつてオランダの植民地であったインドネシアやニューギニアあるいはインドシナ地域の民族資料が展示されています。二階は「西アジアと北アフリカ」「ラテンアメリカとカリブ海」、さらにはサハラ以南のアフリカ

■熱帯博物館

■さまざまな仮面

■アフリカ女性のカラフルな衣装

■チベットの仏具　日本の密教でも似た仏具を用いますが、これほど見事な装飾は見られません

での生活が展示されています。

まず二階の展示から見ていきましょう。北アフリカの展示では、いくつもの部族のカラフルな民族衣装が大きなケースに展示されています。衣装だけでなく、動物をモチーフとした独特の彫刻が施された祭りの儀式用の仮面なども見られます。さらに、日常生活を再現したジオラマ展示もありました。また、狩猟や生産に関する道具類も多く展示されています。舳先にワニなどの動物の彫刻を付けた大きな丸木船や、部族ごとに異なった動物を掘り出したトーテムは一見の価値があります。

西アジアの展示では、現代のアラブ地域の砂漠の暮らしぶりをジオラマで見ることができます。過酷な自然の中での暮らしがわかりやすく展示されていますが、オイルマネーが潤沢にいきわたった現代とは比較にならないほど質素な暮らしぶりが垣間見えてきます。

ここには、最近話題になっているチベット地域の展示コーナーがあります。とくに仏教信仰に関する資料が多く、大きなものでは青銅製の仏像や宝石で飾られた仏塔、あるいは曼荼羅が描かれた布で出来た軸（タンカ）などがあります。小さいものでは密教法具があります。これは仏教儀式に使用されるものですが、仏教を守護する武器でもあるとされています。

一階では東南アジア地域の民俗が紹介されていますが、二階に比較するとやや異なった印象を受けます。植民地時代の様子のジオラマなどには大国の優越感のようなものを感じたのですが……。一階にはトロピカル・ミュジアム・ジュニアというコーナーが設けられており、六歳から十二歳までの子供たちを対象とした展示が行われています。来館者の拡大のためには低年齢層のファンの獲得が不可欠とよく言われますが、この博物館ではこうした形で実践しているようです。

地階にはミュージアムショップがあり、定番のポストカードやポスター、ガイドブックのほか、仏教法具の打ち鳴らしや密教法具、数珠など博物館には不似合いなグッズも並べられていました。このほか、各地の飲料や食品が味わえるレストランもあります。

Joods Historisch Museum

ユダヤ歴史博物館

⬇M53・54 Waterlooplein駅

アムステルダム市庁舎の近くにある博物館です。十七世紀から十八世紀に建てられたユダヤ教会の建物を利用したものです。

オランダにおけるユダヤ人の文化や歴史を示す考古遺物、石造品、古典籍や、ユダヤ教の礼拝や儀式で使用された祭具などを見ることができます。また、ナチス・ドイツのユダヤ人迫害の歴史を物語る資料も展示されています。

■ユダヤ博物館

■ユダヤ博物館の内部
館内で最も広い部屋です。ここでは映像などを用いて関連資料を検索することができます

3 産業・科学・自然科学に関する博物館

オランダ海事博物館
アムステルダム号
科学博物館（NEMO）
野外船舶博物館
ハウスボート・ミュージアム
アムステルダム植物園
動物園
鉱物学博物館
動物学博物館

オランダは、周囲を海に囲まれた海洋国家です。黄金期の大航海時代には遠く東アジアに進出し、東インド会社を通じて多くの権益を得てきたことはよく知られています。また、アムステルダムをはじめ各都市には運河が構築され、多くの船が行きかい水運が栄えました。一方、チューリップなどの園芸作物で農業国としてのイメージも強く、とくにチーズ生産など酪農業が盛んです。

ここではオランダの産業・科学・自然科学に関する分野の博物館の紹介をします。

オランダ海事博物館

Nederlandes Scheepvaart Museum

アムステルダム中央駅から海を隔てて東に位置しています。館へは郵便局、科学博物館の横の通路から行くことができます。

一六五七年に建設され、海に関する世界最大のコレクションを収集している博物館です。建物はかつてはオランダ海軍の補給庫として、新しい帆や飲料水、武器の供給などに使われていました。たしかに極端に窓が少ない建物で、倉庫だったことがわかります。

大航海時代のオランダ海運業の繁栄を示すべく、当時の主役として活躍した帆船の模型などが多く展示されています。また広い中庭には、船に積まれていた大砲が数門置かれています。

大航海時代、オランダは東インド会社を作りインドネシアのジャワ島を拠点に東南アジアに進出しました。現在、インドネシアの古都ジョグジャカルタには東インド会社の本社として使用された建物が残されており、記念物として公開されています。

東インド会社は、陶磁器などに残されるＶＯＣの文字で有名で、伊万里でもこのマークの入った陶磁器が生産されていたようです。オランダは鎖国時代の日本にあって、交易が許された数少ない西欧の国であり、江戸時代の日本の文化に大きな影響を与えたことで知られています。

⬇Amsterrdam centraal駅から徒歩

■オランダ海事博物館

この博物館の基本的なコンセプトは、「海に関わるさまざまな事柄を楽しく、わかりやすく」というもので、船舶模型やパネルを使って、アジアへの航路の開発や新たな発見、アジアとの貿易などについて興味深い展示を行っています。

隣接する波止場に係留された帆船「アムステルダム号」に乗船して、大航海時代の航海の様子を感じとることもできます。

■かつてアジア交易に活躍したオランダの帆船模型

■中庭に展示されている大砲
かつて帆船などに乗せられていたのでしょうか？

☆東インド会社

15世紀にポルトガル、スペインは東洋との交易をはじめました。これらより1世紀遅れてオランダの東洋進出が始まりました。そのきっかけとなったのは1595年から1597年にわたるハウトマンの航海からの帰国による刺激があります。まもなくオランダでは多くの航海会社が競って東南アジア貿易が行われ、過当競争が激化します。1602年ヨーハン・ファン・オルデンパルネフェルトの提唱によって組織を強化するため複数の商社を合併し、独占商社「東インド会社」を設立します。会社にはオランダ政府から条約締結、自衛戦争の遂行、貨幣の鋳造、要塞の構築などの強大な権限が与えられ、あたかも国家であるかのような性格を持っていました。アムステルダムのほかロッテルダム、デルフト、東フリスランドとホールン、エンクハイゼン、ミッテルドルフの6ヵ所に支部（カーメル）を置いていました。1619年にジャワ島の古都ジョグ・ジャカルタに本拠を移し、バタビアと改称し貿易の拠点としました。

この間、インドの綿、中国の絹、日本の銀、銅、インドネシアの香辛料などの貿易によって、東インド会社は莫大な利益を得ました。17世紀には最盛期を迎えますが、イギリスとの競合、オランダ国内の政変などによって衰退し、1798年に会社は解散し、2世紀にわたるその歴史を閉じました。

アムステルダム号

⬇Amsterrdam centraal駅から徒歩

海事博物館の運河側に美しくペイントされた帆船「アムステルダム号」が係留されています。レプリカとして作られたもので実際に使用されたものではありませんが、当時の雰囲気は十分感じることができます。オランダの東インド会社のマークＶＯＣが印された赤白青の三色旗が見えます。窓は二段、七列見られ、両端には男性神の像が配置されています。

船体側面は、緑色を基調に黄色のストライブを加えたカラフルなものです。三本のマストには帆を張るための柱が三本ずつあります。帆を張った様子は海事博物館の中に展示されている模型で見ることができます。タラップを上って乗船します。甲板から後部の船室に入ると、かつての食卓がレプリカで復元されています。

■復元されたアムステルダム号
カラフルに塗装され、船尾には「VOC」のマークが入った旗が見られます

■上級船員の食卓
個別の椅子、ワインが用意されています

■一般船員の食卓
長椅子、粗末な食事、とくにワインなどの用意は見られません

上級船員用なのでしょうか、五個の椅子が並べられ、スプーンやナイフ類は銀製です。パンや副食、ワインなどの酒類の瓶とグラス、果物などのデザートもあり、かなり豪華な食卓です。船室には家具や調度も揃えられ、食器棚には染付けの皿や鉢が並んでいます。

船の前方の一般船員用と思われる船室は粗末なテーブルと長椅子、机上にはカップとポテトサラダ、スープ、パンという簡単な食事が展示されています。家具調度などは全くありません。

科学博物館（NEMO）

Science Center NEMO

⬇Amsterrdam centraal駅から徒歩

中央駅から東に少し歩くと、大きな船の形をした濃緑色の外壁の奇妙な建物が見えてきます。この建物がNEMOとも呼ばれる科学博物館です。このユニークな建物の設計者はイタリア人のレンゾ・ピアノで、関西国際空港のデザインをしたことでも知られています。

館内には子供たちのにぎやかな歓声が響いています。楽しみながら科学の知識を学べるようにさまざまな工夫がなされたユニークな博物館です。ゲーム感覚で科学の原理をわかりやすく説明する模型やジオラマが多数並んでおり、大人も楽しめます。

入口近くのミュージアムショップでは子供向けの人形やプラモデル、フィギュアなどが販売されていましたが、ガイドブックなどは見当たりませんでした。

■科学博物館の建物
濃い緑色に塗装された外観はアムステルダム港を出入りする大型船舶のようにも見えます

■野外船舶博物館

■科学博物館の内部
複雑な科学の原理を模型でわかりやすく見せる工夫が行われており、親子で楽しんでいる様子が伺えます

■ハウスボートミュージアムに使用されている船
1914年の建造、ヘントリカ・アリアという名称で、1987年まで主として砂、砂利、石炭の運搬に用いられました

■ハウスボートミュージアムの内部（キッチン）

■ハウスボートミュージアム
運河に係留されている船です

野外船博物館
Vereninging Museumhaven Amsterdam

⬇Amsterrdam centraal駅から徒歩

科学博物館から海事博物館への途中の運河にはたくさんの小型船が係留されています。その多くは帆船で、なかには船外機を付けている船もあります。それぞれの船に四〇センチ四方の白いプラスチックの説明版があります。ここは、係留されている船そのものが展示品である野外博物館なのです。

見かけは古い割には今でも航行が可能ではないかと思える船もあります。説明板があるのに船がないところもあり、修理のために離れているのか、どこかを航行しているのかなどとあれこれ考えてしまいました。

ハウスボート・ミュージアム
Woonboot Museum

⬇トラム13・14・17　Westermarkt駅

オランダは運河の国というイメージがあります。なかでもアムステルダムには運河が縦横に走って今か。そこを行き来する船も数え切れないくらいです。船上生活をしている人も多くいますが、岩壁に船を停泊させ居住地としている人も少なくありません。一定の条件が整っていれば電気や水道も供給されるようです。これらはハウスボートと呼ばれています。博物館として公開されているこの船は一九一四年に建造され、運河を航行して荷物を運ぶ商業用の帆船でした。

運河に浮かぶ大小さまざまな船の中で展開されている船上生活の様子を見てみたいという観光客は結構いるらしく、ここではハウスボートの内部を博物館として公開しています。

訪ねてみると、甲板上で椅子に腰掛けてタバコを吸っている老人がいました。この船の住人かと思ったのですが、そうではありませんでした。我々と同じ観光客のようで、先客がいてなかなか船内の見学の順番が回ってこないので一服して待っていたのです。それぐらい盛況のようです。入口には日本語で「歓迎」と書かれていましたので、日本人観光客も多いのでしょう。

船室への入口は身をかがめなければならないほど狭いのですが、内部は意外と広々としています。天井が低いことや水際のため外の景色がよく見えないことを除けば、快適な居住空間といえます。かつて船長家族が居住した甲板室には調度品や戸棚状のベッドも残されており、キッチンにも調理具が整っていましたので、そのまま暮らせそうです。船の模型や、この船の現役時代の雄姿が写真パネルなどで掲げられています。

既に引退した船ですが、碇さえあげればすぐにでも動き出すのではないかと思えました。リビングルームではコーヒーやソフトドリンク、記念品の販売もしており、音声ガイドも用意されていました。

アムステルダム植物園

Hortus Botanicus Amsterdam

⬇メトロ51・53・54　Waterlooplein駅

十七世紀に修道院付属のハーブ園として造られたのですが、大航海時代に東インド会社がバックアップして世界中の植物が集められた本格的な植物園になりました。

一七九五年以来二〇〇年以上も育成されている植物もあります。熱帯植物を育てている大型の温室はまるでジャングルのようです。園路が地上と空中に作られています。

植物園中央付近の小さめの温室では、乾燥地帯のサボテンを集めたコーナーがあります。天井まで届きそうなくらい大きな団扇形のサボテンがのびのびと育っているのを見ると、ここが寒冷地であることを忘れて

■アムステルダム植物園

しまいそうです。このほか花卉植物用の温室ではたくさんの美しい草花が鮮やかです。また小型の池ではオニバスや睡蓮、蓮などの水草が美しい花を咲かせていました。

入口付近の建物では、色彩豊かな石や植物の種・球根、ガーデニングの書籍、ガーデニング用の道具などが販売されています。

動物園

Ntura Artis Magistra

⬇メトロ53・54 Waterlooplein駅

この動物園はオランダで最も古く一八三八年に開設されました。ヨーロッパのみならず、アフリカ、アジア、南極などの動物を、十九世紀のオランダ庭園の雰囲気が残る中で楽しむことができます。

ライオンや豹などの猛獣類は厳重な檻の中にいましたが、フラミンゴや草食動物の多くは周囲に堀があるだけの簡単な設備の中で飼育されています。柵もありません。パンフレットには、象、ゴリラ、ホロホロチョウ、蝶の赤ん坊とその親が紹介され「絶対に動物に触れないように」という注意書きがありました。また、アシカやペンギン、ペリカン、ワニ、ライオンなどの餌付けを観客に見せる人気イベントも行なわれていました。

とくに変わったところのない普通の動物園なのですが、なぜここにこんなものがと思わせるものがありました。インドネシアの建物と青銅製の日本の地蔵菩薩像です。仏像は台座を入れると高さが約二メートルもあり、江戸時代の作品のようです。

■動物園正面入口

また訪問した時にはまだ咲いてはいませんでしたが、チューリップや桜などグリーンオアシスと命名された四〇〇種八〇〇本を超える植物が園内に植えられているとのことで、さすが園芸大国だと感じました。

ミュージアムショップには、動物を描いたマグカップ、スカーフ、ネクタイ、ぬいぐるみなどが販売されていましたが、ガイドブックなどの書籍は置かれていませんでした。

鉱物学博物館

Geological Museum

⬇動物園内

動物園の入口を入るとコンクリート造り二階建ての古色蒼然たる建物があります。ここが鉱物学博物館です。入口を入ると大型恐竜の骨格標本が、中央部にはオオツノジカの骨格標本、さらにその反対側のケース内には地質時代の恐竜化石の部分骨格などが展示されています。また階段壁面にはアンモナイト化石が置かれています。

二階には岩石標本が折り重なるようにケース内に置かれています。宝石を含んだ岩石標本もあり、なかでも紫水晶の結晶はなんともいえない美しさでした。海の生物の化石が集められたコーナーがあり、カメや魚龍の化石が展示されています。動物園に併設されていることから内容に関してはあまり期待していなかったのですが、予想に反して結構充実したコレクションを見ることができました。

水族館

Aquarium

⬇動物園内

動物園の東端にあります。運河を隔てた対岸に熱帯博物館があります。白亜の小粋な外観の二階建ての建物で

■水族館

■鉱物学博物館

■パンダウサギ？

■オオツノジカの骨格標本

■インドネシアの民家
かつて植民地であったインドネシアの民族資料が随所に見られます

■地蔵菩薩銅像
動物園内には日本からもたらされた仏像が二体あります。いずれも雨ざらしで展示されていますが、一部に錆が見られ痛々しい姿です

す。

中は照明が暗く、眼が慣れるまでしばらくは動けません。まず海中生物のイメージパネルと写真を組み合わせたガイダンスホールがあり、魚類の本格的な生態展示へと誘います。

内部は二階まで吹き抜けで、天井は丸く、両側の壁面に幅一・五メートル、高さ一メートルほどの小型の水槽がいくつも設置されています。水槽内では海草や岩礁が再現され色とりどりの魚が泳いでいます。

メインの展示室を出ると通路の左右の大きな水槽にサメなどの大型魚が飼育されています。淡水魚も海水魚も飼育されているようで、アマゾン川のピラニアなども飼育されています。またポンプや水槽が混在した状態のバックヤードもみることができます。

限られたスペースを十分に生かし印象を強くするため、あるいは展示効果を高めるためか、色彩豊かな熱帯性の魚類や水草が展示の主体になっているという印象でした。どの水槽の前にも、動物園の檻の前以上に子供たちが群がっていました。

Zoological Museum

動物学博物館

⬇動物園内

水族館の建物の最も奥がこの博物館です。水族館で色彩豊かな魚を見た後、急に動物の剥製が並ぶ世界が登場するのですから、その大きなギャップに戸惑います。

また、骨格標本や貝類の標本が多くコレクションされているようです。展示スペースの関係もあってか、天井に届きそうなほど高い一〇段以上の棚が作られ標本類が無造作に詰め込まれています。これは展示とはいえないかもしれません。水族館のような賑わいは見られず、見学者もまばらです。内容が難しすぎて退屈なのかもしれません。

4 美術工芸を知る博物館（美術館）

国立美術館
国立美術館スキポール分館
国立ゴッホ美術館
レンブラントの家
市立近代美術館
エルミタージュ美術館アムステルダム分館

オランダは、フェルメール、レンブラント、ゴッホなど多くの世界的に知られた画家を輩出してきました。これらの作品は世界各地の博物館で見ることができますが、やはりそれら画家の生まれ育ったふるさとでの作品の鑑賞は格別なものがあるでしょう。ここでは美術工芸に関する博物館などを記述します。

国立美術館

Rijksmuseum

⬇T2・5 Hobbemastr駅

アムステルダム市街地の南部の博物館・美術館の集中する広場の一角にあります。回りには国立ゴッホ美術館、市立近代美術館、ダイヤモンド博物館などがあります。

アムステルダムに美術館を、という構想は一七九八年に始まりました。当初はハーグのギャラリーでしたが、一八〇八年にアムステルダムの王宮に移され、王立美術館となりました。一八一六年に市の中心部トリッペンハイスに移転しましたが、増え続けるコレクションを収容しきれなくなりました。

一八八五年に、アムステルダム中央駅を手がけたペトロス・カイパースの設計になる現在地の大きな建物に移転し、オランダ最大の美術館として開館しました。建物全体はネオ・ルネサンス様式ですが、北面ファサードのステンドグラスなどにゴシック的な様式を見ることができます。

この美術館はレンブラント、フェルメール、フランス・ハルス、ヤン・ステーンなどオランダを代表する画家の作品がコレクションされていることでも有名です。なかでもレンブラントの「夜警」は多くの見学者を魅了しています。

そのほかにも、オランダを代表するデルフト焼の陶磁器、銀細工の食器や宝飾品、素晴らしい彫刻の見られる豪華な木製家

■国立美術館

具、タペストリーなども展示されています。

展示フロアは一階と二階で、一階にはデルフト焼、宝飾品類のほか、かつての富裕階層の暮らしぶりをしのばせる精巧なドールハウスなどのコレクションがあります。二階にはレンブラント作品や彼の弟子たちの作品、フェルメール、ヤン・ステーンらの絵画作品があります。とくにフェルメールの「手紙」「台所女中」と題された作品は見逃せません。レンブラントの代表作品「夜警」は、ヤン・ステーンの展示室の向かい側にあります。

この美術館は一九七三年開館の国立ゴッホ美術館とともにアムステルダムのランドマークともなっています。

■グランドフロアのレンブラント『夜警』の展示

■国立美術館スキポール空港分館
空港の一角にあり、一階はミュージアム・ショップ、二階が展示室です。量は多くありませんが、オランダを知る絵画や陶器が展示されています

国立美術館スキポール分館

Rijksmuseum

スキポール空港内

スキポール空港内の免税店などがある同じフロアに「museum」という案内表示があります。案内にしたがって進むと国立美術館のミュージアムショップが見えてきます。このショップの真上に小さな展示室があります。ここが国立美術館スキポール分館としてオープンしたのは二〇〇二年十二月で、無料で入場できます。ガラスケース内に絵画や陶磁器が展示されています。オランダらしいデルフトブルーの染付けの陶板画や肖像画などを見ることができます。階下のミュージアムショップでは美術館のカタログやポスター、マグカップや絵葉書などが販売されています。空港でガイドブックやミュージアムグッズなどが買えるのは便利です。

国立ゴッホ美術館

Rijksmuseum Vincent Van Gogh

T2・5　Van Baerlestr駅

国立美術館からそれほど離れていないところにある国立ゴッホ美術館は一九七三年に開館しています。ゴッホの作品の多くは、彼の弟テオの遺族によって管理されていましたが、それらを一個所でまとめて公開したいという遺族の希望もあって作られた美術館です。

建物の設計はリートフェルトで、彼は一九〇〇年代の美術運動デ・スタイル派を代表する人物でした。また分館は日本の建築家黒川紀章が担当したもので、円柱状の独特の形で、周囲には水が配置されています。

この美術館にはゴッホのほか、彼と同じ時代に活躍したゴーギャン、ロートレックなどの作品も参考資料として集められています。

展示室は四階まであり、一階はゴッホ以前の十九世紀ヨーロッパの絵画作品のコレクションです。二階から四階までがゴッホ関連の作品展示スペースです。とくに二階にはゴッホの生涯を追って、オランダ時代の「馬鈴薯を食べる人々」、パリ時代の「自画像」、アルル時代の「寝室」「ひまわり」「麦畑」など世界的に知られた作品が展示されています。そして、サン・ミレの精神病院時代から晩年の作品へと続きます。「カラスのいる麦畑」はこのコーナーで見ることができます。三階はゴッホのデッサンや日本の浮世絵などの版画を中心に展示されています。作品保護のため照明が落とされて暗くなっています。四階はゴッホ以後の十九世紀絵画のコレクションが集められています。

ヨーロッパを代表する画家ゴッホの作品を一堂に集めたばかりでなく、ゴッホの絵画作品を通して十九世紀のヨーロッパ絵画を読み解くことが出来る美術館でもあるのです。

■国立ゴッホ美術館

レンブラントの家

Museum Het Rembrandthuis

⬇メトロ51・53・54、T9・14　Waterlooplein駅

オランダを代表する画家レンブラントが一六三九年から一六五八年までの十九年間住んだ家が市街地の一角に残っています。代表作「夜警」はこのアトリエで描かれました。一階は主に住居として使われ、二階はアトリエ

として利用されていました。

展示室ではレンブラントのエッチングやデッサンなどを見ることができますが、作品保護のため照明は暗くされています。また、レンブラントが愛用していたとされる家具や調度品なども展示されています。

一階の出入口にミュージアムショップがあり、ポストカードやポスターなどの定番グッズなどが販売されています。

市立近代美術館

Stedelijk Museum of Modern Art

⬇Amsterrdam centraal駅から徒歩

国立美術館やゴッホ美術館がある公園の一角にある伝統的な煉瓦つくりの建物が市立近代美術館です。現在、改修工事中のため、アムステルダム中央駅近くの郵便局の中に臨時に開設されています。臨時とはいえ改装工事は相当長期間にわたるため、ここでは本格的な展示が行われています。

近代・現代美術作品をコレクションしており、訪問した時は航空会社のアテンダントのユニフォームデザインがテーマ展示されていました。展示室は広いにもかかわらず展示物が少なすぎて退屈な印象を受けました。

エルミタージュ美術館アムステルダム分館

Hermitage Amsterdam

⬇M53・54、T6・7・10 Weesperplein駅

有名なマヘレのはね橋が運河の奥に見えるアムステル川東岸にある伝統的な建物が、ロシアのサンクトペテルブルグにあるエルミタージュ美術館の分館です。二〇〇四年に開設されました。

■市立近代美術館

■レンブラントの家

■近代美術館の展示

■エルミタージュ美術館の展示品
見事な銀細工製品

■エルミタージュ美術館
アムステルダム分館

本国から遠く離れた外国に分館が設置されるケースはそう多くはありませんが、日本にもアメリカボストン美術館の分館が愛知県名古屋市にあります。

エルミタージュ美術館のコレクションの一部が公開されていますが、ロシア皇帝が代々収集してきた豪華な銀細工の宝石箱や宝飾品はさすがに目を見張るものがあります。訪問した時はペルシャ文化三〇〇〇年の歴史に焦点を当てた展示が行われており、細かな彫刻の銀器や宝石を贅沢にあしらった箱や宝飾品などのコレクションが並べられていました。

5 趣味・嗜好に関する博物館

ハイネケン・エクスペリアンス〔ハイネケン・ビール博物館〕
アヤックス博物館
演劇博物館
写真博物館
カッテンカビネット〔猫の博物館〕
ダイヤモンド工房
ダイヤモンド博物館
マダムタッソ蝋人形館

人間の趣味、嗜好は多彩であるといえます。とくに飲酒や喫煙という習慣的なものからグルメと呼ばれるものまで、すなわち食に関する嗜好からスポーツ鑑賞や演劇鑑賞あるいは動植物の飼育・育成・鑑賞という趣味に関する分野の博物館は、ユニークなものが多いといえるでしょう。

ここでは、飲食関係ではビール博物館、趣味ではサッカー、演劇、写真、愛玩動物では猫、宝飾品ではダイヤモンドに関する博物館をとりあげてみました。

Heineken Experience

ハイネケン・エクスペリアンス（ハイネケン・ビール博物館）

⬇T16・24　Stadhouderskade駅

ハイネケン・ビールは、グリーンのラベルと瓶で知られるオランダを代表するビールです。一九八八年まで実際にビール工場だった建物を改築した体験型博物館です。

受付で入場料を払うとプラスチック製のコインが四枚渡されます。このうちの三枚は、見学途中にあるバーでハイネケン・ビールかコーラをグラス一杯試飲する際に使います。一杯当たり一枚です。残った一枚のコインは見学を終えて出口で渡される記念品の交換用コインです。

一八七五年にハイネケン・ビールはフランス・パリに進出します。当時パリでビールを販売したレストランがジオラマで再現されています。また、ビールの製造工程のアトラクションやビール工場の大きな写真、実物大模型やポスターパネル、アムステルダムのカフェの再現ジオラマなどもあり、ビールが飲まれた時代の様子がよくわかります。

大きな赤銅色の醸造用タンクが並んでいます。見学者が身を乗り出して内側を覗き込んでいますが、中は空っぽでビール臭さも全くありません。今すぐビールがつくれるほど丁寧に整備されています。

やがてビールの試飲場です。ビア・レストランといった雰囲気で、カウンターやテーブル、椅子が並べられています。ここ

■ハイネケン・エクスペリアンス

■博物館内部の展示

■ビール蒸留タンク

ではおつまみは出ません。コイン一枚でジョッキ一杯の生ビールが飲めます。カウンター前ではシックな色のベストを着た女性がにこやかにビールをついでいますが、ジョッキは三杯まででお代わりはできません。下戸の方にはコーラが用意されています。

試飲コーナーを終えると最後の記念品コーナーです。最後の一枚のコインと引き換えにハイネケン・ビールのロゴマークの入った瓶の形の栓抜きがプレゼントされます。

なお、二〇〇八年三月に訪れた時は改装中で休館していました。夏に新装開館するとのことでした。

アヤックス博物館

Ajax museum

⬇M50・54 Strandvlietまたは Arena駅

オランダを代表するサッカーチーム、アムステルダム・アヤックスの本拠地のスタジアム内に開設されている博物館です。メトロの地上駅からも見えますが、近くによると円盤形のスタジアムの壮大さがわかります。

アヤックスは一〇〇年以上の歴史のあるチームで、日本でも知られているサントス選手が在籍していたチームです。また、オランダ代表ライカールト、ファン・バステンなども記憶に残る活躍をした世界的なプレーヤーもいます。ちなみに、ワールドカップでのオランダチームは、一九七四年第十回大会準優勝、一九七八年第十一回大会準優勝という輝かしい実績を残しています。

■アヤックス博物館

■アヤックスの輝かしい伝統と歴史の展示室

スタジアムの二階に展示室があります。歴代のアヤックスの選手が活躍した写真や獲得したカップ、ユニフォーム、ボールなどが並べられています。

展示室の一角ではサッカーだけでなくオランダのスポーツの歴史についても取り上げられており、野球のグラブやバット、クリケットなども紹介されています。

博物館の一階はアヤックスオフィシャル・ショップです。選手の背番号や名前入りユニフォーム、マスコットボール、ロゴ入りの鉛筆やボールペン、マグカップなどのグッズが販売されています。

Theatermuseum

演劇博物館

⬇T1・13・14・17 Westermarkt駅

ヘーレン運河沿いに建つ十七世紀の伝統的な雰囲気を持つ建物が演劇博物館です。運河の周囲には同じような建物が多いので、注意深く見ないと見過ごしてしまうかもしれません。

この博物館には、舞台衣装や俳優のパネルなど演劇に関する展示が行われています。一、二階が展示スペースです。二階フロアは舞台装置や背景に関するもので、演劇そのものを支える大道具や装置について解説されています。一階には舞台装置が展示されています。舞台装置の小型模型などを使って、遠近法を利用した背景が舞台に奥行きを感じさせていることなど舞台の構造がわかりやすく説明されています。また、森の場面から神殿の場面への転換などが瞬時にできる装置や、風や雨の音などの効果音を出す装置にも実際に触れることができます。

また、踊り子やダンス指導者の表情や仕草の様子が映像で示されています。出演者の舞台衣装やメーキャップ道具、さらには台本なども展示されています。ビデオ映像は入口で渡されたカードを機械にセットすると始まる仕掛けとなっています。

併設のブックショップには演劇に関する本がいろいろと集められて売っていました。

■演劇博物館

写真博物館

Huis Marseille

ケイゼルス運河沿いの伝統的な建物の一つが写真博物館として公開されています。展示室の明るい壁面に写真パネルが掲げられています。一見すると写真家の個展会場のようですが、作品は壁面にゆったりと並べられていました。

また階段を上った踊り場付近では、その壁面をスクリーンとして、ビデオ映像による展示も見られましたが、とくに奇抜な映像ではありませんでした。

⬇T 1・2・5 Spui駅

カッテンカビネット（猫の博物館）

Kattenkabinet

アムステルダム名物でもある運河の「金色の曲がり角」と呼ばれる一角にある、まさに猫・猫・猫の博物館です。一六六九年に建てられたカナルハウスを利用しています。

「全世界のあらゆる時代を通じて猫が芸術表現にかかわってきた全てを紹介する」ことが博物館のコンセプトとされています。絵画、ポスター、彫刻など猫を題材としたものなら何でも収集するという、世界的に見てもユニークな博物館です。

このカナルハウスの所有者である富豪は、飼い猫のヨハネス・ビエルボン・モルガン三世に五年ごとにプレゼントをしたという愛猫家です。猫崇拝といってもいいほどです。この猫の死を悼んで一九八四年にこの博物館を作ったのです。とにかく、猫好きの方にはたまらない博物館です。

⬇T 16・24・25 Keizersgracht駅

■壁面には猫のポスターが一面に貼られています

■猫の博物館

■猫ドル紙幣

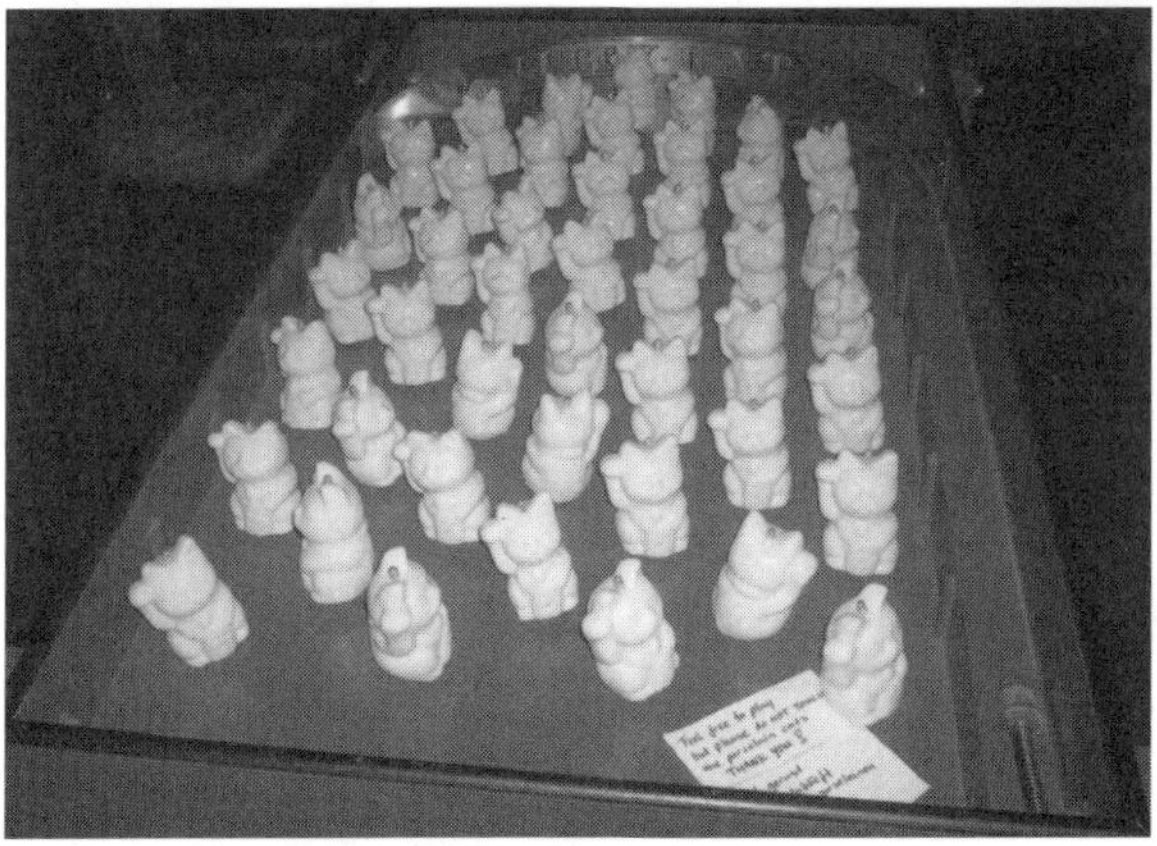
■招き猫の集団（白磁製です）

■大型の招き猫

人類の芸術表現の中に猫が登場するのは二〇〇〇〇年前の古代エジプトでのことです。当時は賢明な動物として信仰の対象ともなっていました。以来現代まで、猫はさまざまな芸術表現の対象となってきました。しかしヨーロッパ諸国では長い間、猫は魔女の共犯者と考えられてきました。そのため魔女とともに殺害されるなど迫害を受けてきました。一八五〇年以前のヨーロッパには猫は芸術表現の対象にはなっていませんでしたが、世紀末には人気のテーマとして取り上げられるようになります。

猫の置物は大小いろいろありましたが、日本人にはお馴染みの招き猫も何種類も展示されています。廊下の壁面には、猫をモチーフにしたポスターなど、デザインの中にちょっとでも猫が含まれているものが集められているようです。

日本に関するものでは、招き猫のほかに浮世絵が展示されています。歌川国芳が一八四〇年に描いたカエルと猫の戯画で、二匹の猫と行事役のカエルがお座敷遊びに興じる姿を描いたものです。

猫が描かれた絵画としては、レンブラントの一六五四年の作品がコレクションされていますが、レオナルド・ダヴィンチの作品やピカソ美術館にある猫が鳥をくわえた絵なども紹介されています。

実はこの博物館の建物自体も貴重な文化財なのです。建物内部のダンス場などの五つの部屋は一七五〇年に造られたもので、一八七〇年には天井画の素晴らしい音楽室などが、一八八六年には猫に関する書籍、資料を収納している図書室が完成しています。

Coster Diamonds

ダイヤモンド工房

⬇T2・5 Hobbemastr駅

国立美術館の向かい側にあります。ダイヤモンド加工はオランダを代表する産業ですが、このコスター・ダイヤモンド会社も大手研磨加工会社の一つです。防犯のためか厳重な警備が行われています。

■ダイヤモンド工房

イギリス王室の戴冠式用王冠にすえられている「コイ・ヌール」というダイヤモンドを研磨したことでも有名です。日本との関係では、幕末に福沢諭吉の遺欧使節団がここを訪れています。

ダイヤモンドの研磨加工の様子が見学でき、別室では詳しいダイヤモンドの説明を聞くこともできます。二〇〇六年夏に訪問した時には、ダイヤモンド博物館開設の準備に入っているとのことで、外壁に大きな看板が掲げられていました。

ダイヤモンド博物館

Diamond Museum

⬇T2・5 Hobbemastr駅

二〇〇七年四月に開設された、アムステルダムでは最も新しい博物館です。ダイヤモンド工房と隣接した建物です。入口近くのショップでは、きらびやかなダイヤモンドのリングやネックレス、ブローチなどがケースに並べられています。

展示室は、奥に入った右手にあり、入場券のバーコードによってドアが開く仕組みになっています。まずダイヤの採掘から始まるビデオが上映されるガイダンス・ルームがあります。ついでダイヤモンドのカットの様子がビデオとパネルで紹介され、実物も見られます。とくに広くもない展示室なのですが、効率のいい動線配置になっています。ヨーロッパに限らず東南アジア地域などの王冠も展示されています。世界各地の王族に愛されているダイヤモンド・アクセサリーの紹介がパネルで示されています。

■ダイヤモンド博物館の展示
冠の装飾にダイヤモンドが使われています

■ダイヤモンド博物館

Madam Tussaud Scenrama

マダムタッソ蝋人形館

⬇T1・2・4・5・9・13・14・16・17・24・25　Dom駅

王宮前広場に面したデパートの中にある蝋人形の展示館です。もともとはイギリスにその起源をもつ施設ですが、アムステルダムのほかカナダ・ヴィクトリアにも同様の施設があります。現代や過去の有名人物の肖像を蝋人形で復元している点はどの施設も共通していますが、それぞれの地域で独自の人物も取り上げています。

入口からしばらくはお化け屋敷風の仕掛けが用意されています。職員が着ぐるみで突然暗がりの物陰から飛び出したり奇声を発したりし、観客の悲鳴がこれに加わって騒々しい状態でした。このコーナーでは蝋人形の展示はほとんど見られません。

後半部分は世界の有名人の復元コーナーで、蝋人形の横で記念撮影をする観客が多く見られました。やはり一番の人気は画家のレンブラントです。ブッシュ大統領、ダライ・ラマ、ガンジー、アインシュタインなどとともに、ダイアナ元王妃、マリリン・モンロー、マイケル・ジャクソンなどが等身大の姿でポーズをとっています。しかし誰なのかわからない顔もあります。

観客の手を蝋型に出来る体験コーナーがあります。係の女性が蝋を溶かした液などの説明をし子供たちに参加を呼びかけていましたが参加する子供は少なく、ほとんどが遠巻きに眺めていました。ミュージアム・ショップではスターの写真、ファンカードやCDなどが販売されています。

■マダムタッソ蝋人形館
建物の上位階にあり、下の階はデパートです

6 戦争・人権・平和に関する博物館

アンネ・フランクの家
レジスタンス博物館
オランダ市民劇場
組合博物館（資料館）

オランダは一六四八年にネーデルランド共和国としてスペインから独立しました。これと前後して、大航海時代のオランダは、一六〇二年に設立した東インド会社を基地として東アジア貿易によってその地位を確立しました。

しかしフランス革命により、一八一〇年にはフランス領となります。まもなくナポレオンの失脚により、オランダは王国として独立します。第一次大戦には巻き込まれることを逃れましたが、第二次大戦ではナチスの侵略によって、ドイツに占領されます。一九四五年五月に連合国軍によって解放され、再びかつての活況を取り戻しつつあります。

ここでは、戦争・平和・人権に関する施設を紹介します。

Anne Frankhuis

アンネ・フランクの家

⬇T1・13・14・17　Westermarkt駅

アムステルダム市街地の中心部から少し離れた西北地域にあります。見学者の多さが目立つ施設です。

『アンネの日記』で知られるアンネ・フランクは、第二次世界大戦中にナチスの迫害を受けたユダヤ人の中でもとくに有名な人物です。一九四二年七月六日、アンネは父母、姉とともに隠れ家へ移り潜伏生活を始めました。その隠れ家は現在の建物の後方にありました。アンネの父、オットー・フランクが経営していた二つの会社、すなわちジ薬品製造に関連するオペクタ商会と肉用スパイス製造のペクタク商会です。ここで働く人々にアンネたちの潜伏生活が悟られないように、会社が活動している日中はトイレの水も流せないという状況であったようです。また彼女たちへの食糧は協力者たちによって運ばれていました。その会社が使用していたのが「アンネ・フランクの家」として公開されています。

しかしここでの潜伏生活も二年間で終わりを告げました。何者かによって密告され、アンネたちは強制収容所へ送られました。潜伏生活の間アンネがかかさずつけていた日記は一九四七年にオランダで出版され、その後世界各国で翻訳され多くの人に読まれています。

■アンネ・フランクの家
建物を取り囲む見学者の長蛇の列ができます

レジスタンス博物館
Verzetsmuseum

動物園の北西にある黄色い外壁の建物がレジスタンス博物館です。動物園の喧騒とは対照的に静寂な環境の中にあります。ここには第二次世界大戦中に活動したオランダのレジスタンスに関する展示が行われています。写真などのパネル展示が多いのですが、当時の生活の様子を再現したジオラマや、自転車、電話機、伝書鳩などレジスタンス運動に参加した人々の遺品も並べられています。

⬇M53・54 Waterlooplein駅

オランダ市民劇場
The Hollandsche Schouwburg

この場所は、一八九三年に建設されたオランダ演劇界の中心、アルティス劇場でした。

第二次世界大戦中のドイツ占領下ではドイツ軍に接収され、アムステルダムのユダヤ人連行のためのセンターの役割を果たしました。戦後、ここから強制収容所に送られたユダヤ人の悲惨な歴史を記録するための施設となりました。

内部は一階には戦没者の慰霊のための不断の灯火が灯され、青白い炎が床に見え、戦没者の名前が刻まれたメタルがかけられています。二階には迫害の様子や、劇場で使用された副葬や小道具などが展示されています。また中庭部分はかつての劇場の残骸の一部と舞台と客席を表現した記念のモニュメントがつくられています。

⬇M53・54 Waterlooplein駅

■レジスタンス博物館

■オランダ市民劇場

■組合資料館

De Burcht

組合博物館（資料館）

⬇M53・54 Waterlooplein駅

動物園の北西の横道を入ったところに博物館があります。ごく普通の伝統的な建物という外観からは、ここが博物館とはわかりません。やや急な階段を上ると受付があります。

この建物は一九〇〇年以来の歴史的建造物で、有名な芸術家H・T・ベルレージがデザインしたものです。ここは、オランダ最古で当時最も裕福で強大な力を持っていたダイヤモンド貿易に関与する人たちの労働組合ANDB（the General Dutch Union of Diamond workers）の建物でした。一八九四年に結成されたANDBは、ヘンリー・ポラァクを中心に改革され、オランダ最初の近代的な労働組合に変化していきます。そこでは休日や八時間労働の実施などが取り決められました。

中に入ると、一階から最上階部分まで中央部分が吹き抜けとなっており、天井から釣り上げられた明かりにも歴史を感じます。一階に机と椅子が整然と並べられた会議室があります。部屋の壁面から天井まで続く極彩色の素晴らしいフレスコ画に圧倒されます。この壁画は、ローマ時代の貴族の館のものと似ています。描かれているテーマは女神や風景、草花などギリシャ神話に題材を求めたものでしょう。この部屋では、会議のほか講演会など行われているようです。

受付の奥にエレベーターがありました。二人がやっと乗れる小さなもので、もちろん自動ドアではありません。各フロアにはアムステルダムのさまざまな産業のポスターのパネルがボードに貼られ、壁面には各組合のシンボルの旗が掲げられ、関係者の胸像も置かれています。

地下フロアには、ダイヤモンドの研磨加工の道具類が並べられていました。展示品より、建物内部の構造や壁画などの装飾が素晴らしい施設でした。

■組合博物館の展示
組合員の団結を呼びかける
ポスター

■組合のシンボルが見られる旗

■会議室
壁には美しく彩色の施されたパステル画が見られます

オランダ中部の博物館

◎ハーレム

ティレルス博物館／フランス・ハルス美術館／聖バフォ教会／旧食肉市場／ハーレム歴史博物館／ＡＢＣ博物館（建築博物館）／コリー・テン・ボーム博物館

◎ユトレヒト

オルゴール博物館／オランダ鉄道博物館／ユトレヒト大学博物館、植物園／アボリジニ・アートミュジアム（美術館）／カサリネ修道院博物館／ユトレヒト中央博物館／ディック・ブルーナ・ハウス／ドム塔／ソーネンヴォルグ天体観測所・博物館

◎ホールン

おもちゃ博物館／二十世紀博物館／ホーフト塔／西フリージアン博物館／計量所

◎ザーンセ・スカンス

風車博物館／ザーンセ・スカンス／ザーンセ・スカンス博物館

◎アルクマール

市立博物館／聖ローレンス教会／市庁舎／ビール博物館／チーズ博物館・計量所

◎ハーレム　Haarlem

ティレルス博物館

Teylers Museum

⬇Haarlem駅から徒歩

スパール川に沿って建つ、オランダ最古の博物館です。一七七八年に開設されています。この博物館の名前は、ハーレムの富裕な経営者であり銀行家であったピーター・ティレルス（一七〇二〜一七七八）の名前に由来しています。ティレルスは科学と芸術の理解者で、収集した多くのコレクションをもとに博物館が設立されました。

受付を入ると、二部屋連続して化石や鉱物の展示があります。楕円形の展示室は一七八四年に造られたもので、博物館で最も古いところです。天井には白い石膏が用いられ、一六個の異なるデザインの窓が設置されています。この展示室の豪華な装飾を見ていると、まるで中世の富裕層の城館の中にいるようです。

約一〇センチの大きさに砕かれた岩石標本がケースの中に隙間なく置かれています。また一〜三センチの小さな宝石の原石も同じケースに置かれています。標

■テイレルス博物館

■鉱物、化石類の展示
展示室自体も博物館の歴史を
物語る貴重な資料です

■壁面一杯に掲げられた絵画の展示

■コインの展示
壁面にコインの表面を拡大したものが
掲げられています

本には学名を記した簡単なプレートがあるのみで、解説はほとんど見られませんでした。よく整理された自然史博物館の倉庫とでもいったほうがよいようです。

光学器械や実験用機械類が並んだ展示室は大小三室あります。ここでは物理、科学、電気などに関する実験用具や、スライド映写機、顕微鏡、蓄音機など歴史を感じさせる機械類を見ることができます。

これらの展示室を抜けると、正面にはコイン・メダルのコレクションが見られます。ケースの奥には人物像を彫ったコインのパネルが大きく拡大されて掲げられ、その前の展示台に一〇点余りのコインが並べられています。さらに長い覗きケース内にも金銀のコインが展示されています。

左手に進むと絵画の展示が行われています。風景、静物、人物などあらゆるテーマの絵画が壁面一杯に詰めて掲げられています。ここの展示は一八二一年に開設されたものです。次の展示室には一七八〇年から一九三〇年の絵画作品が集められていますが、ここも壁面に隙間がないほどです。開館当時のルーブル美術館などをスケッチした作品には壁面が絵画で覆われている様子が描かれており、眼の前の風景と一致するのです。かつてのヨーロッパの多くの美術館がこうだったのではないでしょうか。これだけ詰め込まれてしまうと、個別の作品に印象が残るのも難しいようです。

隣の展示室はデッサンと版画の展示コーナーです。ガイドブックによると、ここにはミケランジェロのスケッチ作品があるとあったのですが見つかりません。館員に訪ねると、今は展示していないという答えが返ってきました。

展示を見終えると、パソコンが置かれた机が並ぶ学習コーナーへ出ます。ここでは博物館のコレクションの内容を検索できます。パソコン一台と椅子四脚が一つの机の周りに配置されています。ここで見学者が作品について議論をするためのようです。

ミュージアムショップは、パソコンコーナーの出口側、受付の横に設置されており、コーヒーショップと同じ場所にあります。ショップは広く、定番のポスターや絵葉書のほかペーパークラフトや木製の模型、美術史・考古学・科学史の専門書やミケランジェロの作品のレプリカなどのほか化石標本も販売されていました。

フランス・ハルス美術館

Frans Hals Museum

⬇Haarlem駅から徒歩

ハーレムの旧市街地の一角、運河に近いレ・ヘイリへ・ランデン（聖地）と呼ばれるところにあります。周辺には歴史と伝統を感じさせる建物が多く見られ、早くから発展した地域であることがうかがえます。

一六〇八年、この地に養老院の建物が建てられました。やがて一八一〇年には養老院が移転し、建物は孤児院として利用されるようになります。ここには四歳以上の孤児一四七人が収容されていました。一九〇八年にハーレム市が美術品の保管用倉庫として購入し、大幅な改築を行いました。担当したのは、当時活躍していた地元ハーレムの建築家L・C・デュモンです。やがて一九一三年に美術館として開館し、十七世紀ハーレムを代表する画家フランス・ハルスにちなんで館名がつけられました。建物正面のファサードには、その歴史を示すように老人の石像と、左右にフランス・ハルスとヘント出身の建築家リーフェン・デ・ケイの彫像が建てられています。

館内には「ルネサンスの間」「理事の間」「市民隊肖像画の間」などの部屋があります。「理事の間」は、養老院や孤児院の時代の理事者が使用していたところで、十八世紀中頃に改修されています。ここにはルイ十五世様式の調度品が展示されており、豪華な雰囲気をかもし出しています。「ルネサンスの間」は、かつては食堂として用いられていました。「市民隊肖像画の間」は一九三〇年頃に増築されたもので、フランス・ハルスの市民隊の集団肖像画が五点展示されています。展示室は広くて明るく、壁面のフランス・ハルスの作品を中央にして配置されたソファでゆったりと鑑賞することができます。このほかにも十七世紀を中心にオランダで描かれた肖像画や風景画などが多く集められており、当時の市民生活が想像されます。現在、約八〇〇点の絵画作品と三万点以上の陶器、銀器、家具・調度品などの工芸作品コレクションが収蔵されています。

■フランス・ハルス美術館

聖バフォ教会

Grote of St.Bavokerk

ハーレム市街地の中心部にあるカトリック教会です。高くそびえる大きな塔を擁する後期ゴシック様式の建物は十五世紀に建てられました。モーツァルトが十一歳のときに弾いたと伝えられるパイプオルガンがあり、天才モーツァルト伝説の一つとなっています。この楽器はクリスチャン・ミューラーの作になるもので、隔年開催の国際オルガン音楽祭で現在も使われています。また、画家フランス・ハルスの墓地もこの教会にあります。

⬇Haarlem駅から徒歩

旧食肉市場

Vieeshal

聖バフォ教会に隣接する赤レンガの建物で、オランダ・ルネサンスを代表する建築物です。一六〇〇年から一八四〇年頃まで食肉市場として利用されてきました。現在はフランス・ハルス美術館の別館として利用され、現代美術に関する展示が行われています。

⬇Haarlem駅から徒歩

■聖バフォ教会

■旧食肉市場

ハーレム歴史博物館

Haarlem Historisch Museum

⬇Haarlem駅から徒歩

フランス・ハルス博物館とは狭い路地を隔てた斜め向かいにあります。ハーレムの歴史を物語る資料を集めた博物館です。

受付の館員から、ビデオルームでハーレムの歴史についてのビデオ鑑賞を勧められます。言葉がわからないと伝えると英語版のビデオを用意してくれました。映像はモノクロの動画やスポット写真の記録中心に構成されていました。また、列車が開通した頃の場面では模型の蒸気機関車と客車が並んで走ったり、スクリーン上方を飛行船が飛んだりといった面白い趣向も凝らしたなかなか見応えのある映像展示でした。ハーレムが商業・交通の要衝として発展してきたことがよく理解できます。

この博物館は、宗教戦争、独立戦争という戦争の歴史とハーレムとのかかわりや市街地の発展過程をジオラマや写真パネルなどで展示しています。

帰り際、館員から一枚のコピーを渡されました。せっかく来たのだからとわざわざハーレムの歴史についての英語のパンフレットをコピーをしてくれたのです。

ABC博物館（建築博物館）

ABC Museum

⬇Haarlem駅から徒歩

ハーレム歴史博物館の正面入口の左にある博物館です。展示室は一フロアのみで、小さく区切られた展示室は六室あります。

建築デザインが主たる展示で、設計図や写真パネル、建築模型などが並べられています。量はそれほど多くありません。ハーレムの新しいプロジェクト、ハーレムの位置、オランダの技術などが展示テーマで、現代オランダ建築の実例が写真パネルやジオラマ、パース絵で紹介されています。現代の市街地の五〇〇分の一の模型で都市計画の説明も行われています。これらの建築物は、とくに異色というものではなく、市街地の景観に調和する実用的なデザインのものが多いように感じました。

コリー・テン・ボーム博物館

Corrie Ten Boom Museum

⬇Haarlem駅から徒歩

この博物館の建物はごく普通の宝飾店です。博物館へは側面の入口から入るのですが、見学ツアーの時間以外には入れてもらえません。

第二次世界大戦中の一九四〇年にドイツによる占領が開始されて以降、オランダではユダヤ人迫害が続きました。この地の熱心なクリスチャンであったテン・ボーム家は、レジスタンス運動に協力し、ユダヤ人をナチスから守る活動を行いました。このため一九四四年二月二十八日、ナチスの家宅捜索を受け家族らが逮捕連行されたのです。戦後、かろうじて生き残ったコリー・テン・ボームは著作活動を通じて戦争の悲惨さを訴え続けます。やがてこの家が一九八八年に博物館として公開されるようになりました。

◎ユトレヒト　Utrecht

オルゴール博物館

National Museum van Speelklok tot pierement

⬇Utrecht中央駅から徒歩

かつての教会を利用して博物館としたもので、随所に教会の面影を残しています。この博物館には自動演奏機械「オルゴール」と、オルゴールが仕掛けられた時計、さらにはストリートオルガンと呼ばれる、道端でパフォーマンスを繰り広げる大型のオルゴールなどが集められています。この博物館の構想は一九五六年にはじまり、博物館として開館したのは一九五八年でした。その後、コレクションは着実に増加しました。

現在、展示室は一・二階があてられています。一階展示室に入ると、まずさまざまな仕掛け時計を見ることになります。絵画の額の一角に時計がはめ込まれているものや、美しい漆器の家具に時計がはめ込まれているものなどが正方柱の展示台に置かれています。小型のものはケースに収められていますが大きなものは露出しています。

注目されるのは、二本の棒上で逆立ちを行なう人形の仕掛け時計です。ターバンを頭に巻き、アラビア風の赤い衣装を身に着けた人形が平行

■オルゴール博物館
教会の建物を利用したことは一目瞭然です

棒の演技のように動きます。

動物や人形を形どった時計や小型のオルゴールもガラスケース内に多数展示されています。ここで目を引いたのは、鳥籠の中の小鳥のオルゴールです。ぜんまい仕掛けで機械が動き、美しい音色を聞かせてくれるようですが、残念ながら作動していませんでした。このほか家具調のオルガンやピアノの自動演奏装置があります。

さらに進むと、ストリートオルガンの大型装置が目に入ります。色彩豊かな外観で、中世風の人物や絵画が表面に描かれており、非常に派手で目立ちます。道端や広場、縁日などで大きな音で演奏する装置で、構造的にはオルゴールと同様です。このオルゴールを構造模型で子供たちにもわかりやすく解説してあるコーナもあります。

展示室は相当広くとられているのですが、さすがにストリートオルガンが五台以上置かれているフロアは、その迫力、重量感のためか狭く感じました。また演奏が始まると博物館中に響き渡る大音響に驚かされます。

二階の展示を見てみましょう。かつて教会であったことから、下方の祭壇が見渡せるように中央部は吹き抜けになっています。周囲を取り巻くように展示スペースがあり、通路の窓際や手すりの前にガラスケースが置かれ、小型のオルゴールが展示されています。このフロアでは、演奏機械の中枢部分の円盤や、紙に点字状に穴が穿たれた原盤なども多くコレクションされています。

オルゴールが発明された頃の作品も多く展示されており、長い歴史を知ることができます。

■曲芸人形の仕掛け時計とオルゴール
音楽にあわせて大道芸人形が逆立ちや懸垂を行います

■ストリートオルガン
広場や街路でこのような移動式の大規模なオルゴールが演奏され、人々を楽しませました

オランダ鉄道博物館

Her Nederlands Spoorwegmuseum

⬇Utrecht中央駅から専用列車

ユトレヒト駅からこの博物館まで定期的に列車が運行されています。かつてこの博物館はオランダ国鉄のマリーバーンという駅でした。現在も博物館の横を列車が走っています。

■オランダ鉄道博物館
駅前の広い敷地は駐車場として利用されています

入口側のホームには二十世紀初めまで活躍した小型のSLが展示されています。また跨線橋の上からは操車場の様子がよく見えます。SLに給水したり燃料補給した施設があり、貨車がぽつんと一両さびしくレール上に放置されています。その右手には大きな車庫が見えます。橋の下方には架線があり、現在も現役の列車が頻繁に往来しています。ここにもホームがありますが、現在は使用されていないようで連絡通路は閉ざされています。橋を渡った先はかつて車庫があったところです。

博物館のチケット売り場は駅の切符売り場だったところです。中に入ると、さまざまな車両が置かれています。車両基地か操車場という感じです。ホームにあがると、かなり昔の客車や貨物車、郵便用列車などがあり、車内にも入れます。

このホームを過ぎると、歴史的な伝統を感じるSLやカラフルで重厚な電気機関車、客車などが整然と並べられています。黄色で前が飛び出たドッグ・ノーズと呼ばれる独特な形をしたオランダ鉄道（NS）で現在も使用されている列車の先頭部分も展示されています。列車の間を子供たちが元気に走り回っていますが、人気があるのはドッグ・ノイズの運転台でした。

展示室の周囲には喫茶室やミュージアムショップが設けられています。模型や写真パネル、絵本が販売されていましたが、博物館案内などの書籍は見られませんでした。遊園地で見かける小型列車が園内を巡っており、子供たちの歓声が響いています。

入口にはトランク一時預かりのための棚が設けられ、いくつかの古風なトランクが置かれています。側面に小さな窓が開けられており、そこから覗くと内部にはビデオ映像が放映されています。プログラムは子供たちが喜びそうなメルヘンチックな内容で、ジオラマとの併用です。また駅舎の待合室が喫茶室として営業しています。

■オランダ鉄道博物館のチケット売り場
かつての駅舎の切符売り場です。懐かしさを感じさせます

■オランダ鉄道史を飾った蒸気機関車

■赤と青に塗り分けられたカラフルな気動車

■前が飛び出たドッグ・ノーズと呼ばれる列車
現在のオランダ国鉄の列車にもこの形のものがあります

Utrecht Unvesiteites museum

ユトレヒト大学博物館、植物園

⬇Utrecht中央駅から徒歩

ユトレヒト大学は一六三六年に創設され、当初から医学関係の学部が設置されていました。

展示は、大学の歴史および専攻科目に関する実験道具、先駆者の写真パネル、歴史を物語る品々などで構成されています。とくに医学関係の医療器具、例えば解剖用の器具や実験用具、人体の骨格模型、動物学関連の骨格標本、さらに植物標本、古文書、カメラ・顕微鏡などの光学器械類などが並べられています。多くの大学博物館とほぼ同じようなコレクション構成です。高度な展示内容で素人は難解にも思えますが、カラフルな背景や展示台を使うなど、その懸念を感じさせない工夫がされています。

植物園には温室や植物栽培園があり、サボテンなどの熱帯植物や蓮などの水生植物も育成されています。軽食が楽しめるレストランも併設されており、食事時間には少々早い時間なのに展示室より賑わっていました。

Aboriginal Art Museum

アボリジニ・アートミュージアム（美術館）

⬇Utrecht中央駅から徒歩

アメリカ大陸やオーストラリア大陸に居住する先住民族の芸術作品を展示し

■ユトレヒト大学博物館

■ユトレヒト大学博物館の動物学分野の展示

ている美術館です。

訪問したときはアボリジニの芸術家ラッシー・ピータース、ピーター・アデセルトという二人が二〇〇〇年に描いた作品が展示されていました。茶色や黒と比較的淡色に近い色彩で組み合わされた作品は、力強く、独特な美しさを感じます。作品の大きさも、壁面の展示間隔も見やすく工夫されていました。

ミュージアムショップでは、ポストカードなどの定番商品のほかに作者のオリジナルナンバー付きの作品も販売されていました。

■アボリジニ・アートミュージアム

カサリネ修道院博物館

Rijksmuseum het Catharijne Convent

⬇Utrecht中央駅から徒歩

カサリネ修道院に付属する博物館です。展示品が映えるようカラフルな背景を設けるなど配慮された展示になっています。油彩画では宗教関連の作品、聖職者の肖像画が多いように感じましたが、風景などを題材にした絵画も見ることができます。教会の建設の際に出土した考古遺物では、さまざまな場面を浮彫りした石製彫刻板、建築に用いられた装飾材が多く見られます。また、教会の祭祀に用いられてきた見事な彫刻が見られる大型の銀製の皿や壺などの祭具や灯火具、表面の木彫がすばらしい木製家具などの調度品が並べられています。

男女の聖職者の衣装もマネキンに着装された状態で展示されています。ただしマネキンの顔は黒い布で覆われ表情が見えないように工夫されています。マネキンの顔の表情で衣装の雰囲気が変わることがあるので、この処置は適切な配慮でしょう。衣装の展示を見ると、聖職者の衣裳にもＴＰＯのバラエティがあることがわかります。

聖職者が日常を過ごしたプライベートルームをジオラマで再現しているコーナーがあります。整頓された清潔な室内の壁面には十字架が掛けられ、その前に礼拝壇と聖書を置く台があります。さらに右手の窓際の壁には長いロザリオが掛けられています。反対の窓側には、日常勉学に使用するものでしょうか、木製の机と椅子が置か

■カサリネ修道院博物館

■博物館の展示　キリスト教関係の彫刻や絵画が荘厳な雰囲気の中に展示されています

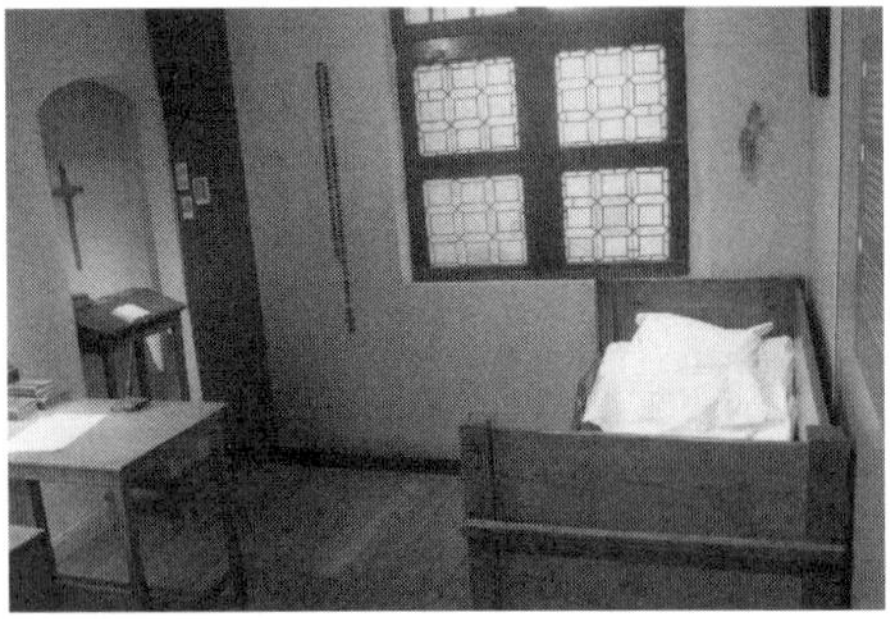

■聖職者のプライベートルーム

■聖職者の衣裳

れ聖書とインクポット、ペンが立てかけられています。礼拝壇の反対側には、白いシーツがかけられた小さな木製のベッドがあります。聖職者のプライベートルームなど見る機会がなかったので興味深いものでした。

宗教博物館という性格から、宗教儀式や祭祀関連の品々が豊富に展示されているのは当然といえますが、大規模な教会付属博物館とは一味ちがった雰囲気を持つ博物館です。

ユトレヒト中央博物館

Centraal Museum Utrecht

⬇Utrecht中央駅から徒歩

レンガづくりの伝統的な雰囲気が残る建物です。この建物は中世の修道院として建設されたものを一八三六年に博物館としたものです。道路を挟んで似たような建物があります。一つがこの中央博物館で、向かい側の建物がこの博物館の分館デイック・ブルーナ・ハウスです。

中央博物館は創設以来、一六〇年以上の歴史を持つ国立博物館で、オランダの公立博物館としては最古のもので、一九九九年に展示室などの改装工事が行われ、現在の形になりました。

オランダの歴史を物語る考古遺物や絵画、調度品などが展示されています。とくに考古遺物では十世紀に使用されたというバイキングの木造船が地下に展示されています。かつての雄姿は見られず骨格だけの船ですが。また、教会の建物の柱の上部を飾っていた装飾彫刻の一部や壁面などに埋め込まれていた彫刻された石造品などが展示されています。絵画では十六世紀から十七世紀にユトレヒトを中心に活躍した画家たちの作品が集められています。

■ユトレヒト中央博物館

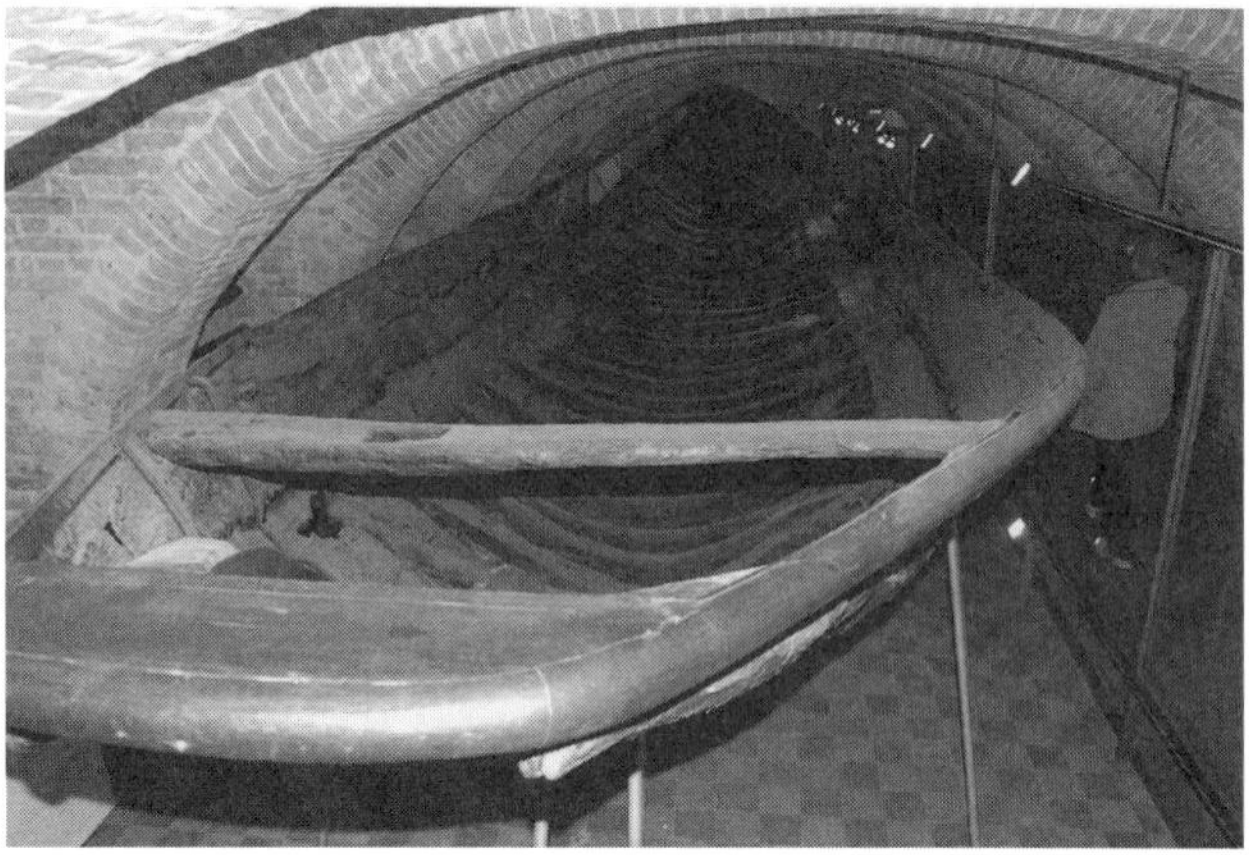

■ユトレヒト中央博物館に展示されているバイキングの木造船

■ディック・ブルーナ・ハウス

■ユトレヒトのシンボル、ドム塔

ディック・ブルーナ・ハウス

Dick Bruna Huis

⬇Utrecht中央駅から徒歩

ディック・ブルーナの作品とその人物を紹介する博物館で、中央博物館の分館として二〇〇六年に開館しました。ブルーナは、「ミッフィー」のイラストで知られる絵本作家です。彼の絵本は世界中に翻訳されており、日本でも多くのファンがいます。

ブルーナは、ユトレヒトで生まれ現在も活動している絵本作家ですが、かつてはアーテイストになるのを夢見た少年でした。しかし家業を継いで欲しいという父の希望にそって、グラフィック・デザイナーとして出版社に就職します。そこでアーテイストとしての活動の場をえた彼は、独学で仕事を身につけていきます。彼自身の作品の大半がグラフィック・デザインであることも注目されます。多くの色を用いず、オレンジ、ブルー、イエローなど少ない色づかいで単純、ユーモアにあふれた彼の作風は、初期の段階からすでに見られたようです。

この博物館には人気絵本作家のブルーナを紹介するコーナーや各国で出版されている「ミッフィー」の絵本が壁面一杯に飾られているコーナー、あるいはブルーナー自身のコレクションなどが展示されています。

ミュージアムショップでは、ミッフィーのぬいぐるみや絵本、ポストカードや、ミッフィーがプリントされたマグカップなどの品々が揃っており、ミッフィー・ファンには見逃せないでしょう。

ドム塔

Domtaren

⬇Utrecht中央駅から徒歩

ユトレヒトの駅前に降り立つと大きなショッピングセンタービルに連なっています。ビルを出て少し歩くと、高さ一一二メートルのオランダで最も高い塔が視界に入ります。このゴシック様式の塔の東にドム広場があり、ドム教会があります。塔はこの教会の鐘楼として一三二一年に着工されました。

ソーネンヴォルグ天体観測所・博物館

⬇Utrecht中央駅から徒歩

Sonnenborgh—Museum & Serrenwacht

鉄道博物館への途上の小高い丘は緑地公園として市民の憩いの場となっています。低地の多いオランダでは数少ない貴重な高台といえます。その丘の頂上部分で周辺を見渡せるところにこの施設があります。

ここは一五五二年に築造されたソーネンヴォルグ要塞の場所に一八五四年に観測所と天文台が建てられたものです。天文観測用の建物と隣接して展示施設の建物があります。

展示室内は青や黄色の照明によって外部とは異なる雰囲気が作り出されています。展示品は比較的少なく、この天文台の関係者の胸像や天文台の全景の写真パネル、観測写真パネルや天体観測のために使用された観測用機器が並べられています。天井からスクリーンを吊り下げたり、内部の照明を落として色彩豊かなスポット照明を用いたりと展示効果を工夫していましたが、解説文がオランダ語のみで、私たち外国人にはわかりにくいのが難でした。

■ソーネンヴォルグ博物館

■ソーネンヴォルグ天体観測所

◎ホールン　Hoorn

おもちゃ博物館

Speelgoedmuseum

↓Hoorn駅から徒歩

ホールンの港町にあるごく普通の家を博物館に利用したものです。一階は部屋の前半分が受付とミュージアムショップになっており、他の半分はプライベートに使用されています。展示室は狭い螺旋階段を上った三・四階にあります。

コレクションは一八〇〇年代から一九〇〇年代のものが中心のようでしたが、家庭の団欒、教会での礼拝、鉄道の駅での風景などとテーマごとに物語が組み立てられており、人形の表情もいろいろです。材質は木製のものが多いようでしたが、ブリキの自動車など金属製のものもあります。コレクションは館長でもある老女が幼い頃から収集してきたもので、贅沢をせずにコレクションに全てを費やしてきたこと、さらに博物館に展示している全てが自分のコレクションであると誇らしげに語ってくれました。

奥の部屋に招かれ、おもちゃ談義に花が咲きました。日本のおもちゃコレクターK氏とも交流があるとのことで、「貴方もコレクターか」と尋ねられました。いいえと答えると少々落胆の様子が伺えました。

■ホールンおもちゃ博物館

ミュージアム・ショップではコレクションの集成図録を求めましたが、子供の頃に見たような駄菓子屋で売っていた独楽や竹とんぼ、紙細工などの簡単なおもちゃがいくつもありました。

■おもちゃ博物館の展示
（上）修道院の生活
（下）家族のだんらん

■二十世紀博物館

■コーヒー店店頭のジオラマ
量り売りのはかりやコーヒーミル
などが置かれています

二十世紀博物館

Museum van de 20ste Eeuw

⬇Hoorn駅から徒歩

運河に三方を囲まれた島の中央部分にある一六五〇年に建設されたチーズ倉庫を改装した博物館です。内部は三階までが展示室で、四階がプライベートルーム、さらに五階は屋根裏部屋です。一階の左側半分は喫茶店です。

一階は受付とミュージアムショップです。一九〇〇年代の懐かしい写真や玩具が並んでいます。中でも子供用のブルーの足こぎ自動車は、ひときわ目立っていました。階段を上がると展示室です。二階は大半が二十世紀の店先の風景のジオラマで構成されています。駄菓子屋、床屋、仕立て屋、チーズ店、ベーカリー・ショップなどが軒を連ねています。この時代にタイムスリップしたような印象を受けます。三階では、当時の家庭の様子が再現されています。かつて日本でも冷蔵庫、テレビ、洗濯機が時代の最先端ともてはやされた時代がありました。まさに同じものが展示されていました。洗濯機は二層式のもので、乾燥機はまだ付いていません。当時としては画期的な電化製品だったのでしょう。冷蔵庫や流しが設備された理想的な台所もジオラマで復元しています。

ホーフト塔

Hoofdotren

⬇Hoorn駅から徒歩

二十世紀博物館を出て海岸方向に歩くと、まもなく帆船などの中型船が係留された港に出ます。港に建つ古風な建物はかつて要塞として使用されたホーフト塔です。現在はレストランとして使われており、

■ホーフト塔
かつては城塞であったというホールン港のシンボルも今ではレストランに

外観にわずかにかつての姿をとどめています。南側の壁面は補修作業が行われていました。さらに南に歩くと右手に視界が大きく開け、大小多数の船がひしめいているのが見えてきます。港町の雰囲気がよく伝わってきます。

Westfries Museum

西フリージアン博物館

⬇Hoorn駅から徒歩

市の中心部のローデ・ステーン広場はチーズ計量所など歴史をしのばせる建物が周囲を囲んでいますが、この博物館は広場の南西部にあり、一九三二年に建てられたバロック様式の建物です。建物の正面にはＶＯＣとホールンの頭文字が装飾されています。

十七世紀にできた世界最初の株式会社であるオランダ東インド会社にホールンは、アムステルダム、ロッテルダムともに共同出資し、オランダの拠点都市の一つとして栄えました。東インド会社によって得られた富によって多くの富豪が生まれたといわれています。

この博物館には東インド会社が各地から収集した調度品、工芸品のコレクションが展示されています。またジャワ島を発見した探険家でもあったＶＯＣのＪ・Ｐ・コーン提督の関連資料もあります。

Waag

計量所

⬇Hoorn駅から徒歩

ローデ・ステーン広場の西側にある古風な建物が計量所です。ヘンドリック・カイセルの設計で一六〇九年に建てられました。現在、この建物はレストランとして使われており、かつての姿は外観にとどめているのみです。

■西フリージアン博物館
（左）展示室
（右）かつて東インド会社で活躍した帆船の模型

■広場と計量所

◎ザーンセ・スカンス　Zaanse Schans

Molenmuseum

風車博物館

↓Koog Zaandijk駅から徒歩

オランダとは言えば誰でも思い浮かべる「風車」をテーマにした博物館です。アムステルダム方面から鉄道でコーフ・ザーンダイク駅に近づくと、車窓から風車がまぢかに見えます。駅から徒歩一〇分ほどで風車博物館に着きます。車窓から見えた風車は少し先にあります。

受付を入ると、ビデオで風車が稼動していた頃の様子が説明されます。次に、風車の内部構造の模型が大型のもの一三個、小型のもの一二個が展示されています。大半は骨格のみですが、一個は風車の羽根が回転し動力が伝えられていく様子を説明するものでした。風車は農業の潅漑用、排水用として、さらには臼などの動力に使用するものであると考えていましたが、ここでは紡績工場の動力として使用されていました。このあたりの風車と付随する工場は二十世紀後半まで稼動していたとのことです。一六一一年から一九〇八年まで稼動していた風車は鋸を動かす動力として製材事業にも動力を提供していたことがジオラマや写真パネルで説明されています。

風車の動力はもっともエコロジーでかつ環境に負荷のないエネルギーです。オランダにはかつて稼動していた風車そのものの内部を紹介する形の博物館施設はいくつかありますが、相当充実している博物館です。

■風車博物館

Zaanse Schans

ザーンセ・スカンス

⬇Koog Zaandijk駅から徒歩

オランダの地方都市の民家や風車を移築、復元したものを集めた野外博物館です。現在橋脚の架け替え工事中のため、小型のフェリーで運河を渡らなければなりません。また船着場から徒歩で約一〇分かかりますが、橋が完成すれば便利になります。

建物は建造年代の明確なものとそうでないものとがありますが、古いものでは一七四三年、一七九三年、一八〇〇年の建造というものがあり、全体的にも十八世紀から十九世紀の建造物が大半です。風車は水辺に三基建てられています。以下に、各民家に設置されている展示を紹介しておきます。

民家集落の東端部にはザーンセ・スカンス博物館があり、人気の観光スポットになっています。

■オランダ時計博物館　Museum van het Nederlandese Unrwerk

ザーンセ・スカンス民家集落の入口部分にある大きな建物です。外壁が緑色に塗られています。一八二〇年に建造され一九六七年に移築されました。ザーン地方はオランダにおける時計つくりでは名だたる地方でした。壁掛け時計を中心に各地から収集された伝統的な置時計などが壁面の棚やケースに展示されていますが、量的にはあまり多くはありません。

■ノーデルハウス博物館　Het Noorderhuis Museum

風車を中心としたオランダの伝統的な建物と風俗を紹介する博物館です。内部はごく普通の一般的な家庭であり、決して広いものではありませんが、十七世紀末か

■ザーンセ・スカンスの風車

ら十八世紀のザーン地方の日常生活を見ることができる展示が行われています。伝統的な衣装及び織物、家具、調度品、絵画などが展示されています。説明が全てオランダ語のため内容は理解できませんでしたが、展示品は美しく気品のあるもので伝統を感じさせるものでした。

■パン工房博物館　In de Gecroonde Duyvekatr

ベーカリー・ショップに付属する工房が公開されているものです。一七五三年から一九五六年までベーカリーだったところを利用し、十八～二十世紀に使用された道具のコレクションを公開しています。パンを作る工程に必要な道具の歴史がたどれるように、現在は使っていない道具類も展示しています。博物館の規模としては最も小さいものの一つでしょう。入口の部屋ではパンや菓子類を販売しています。

■オランダ時計博物館

■ノーデルハウス博物館

■パン工房博物館

ザーンセ・スカンス博物館

Zaansense Schans Museum

⬇Koog Zaandijk駅から徒歩

ザーンセ・スカンスの民家集落の中心施設です。建物は近代的な二階建てです。

展示はザーンセ・スカンス地方の民俗を紹介するもので、あまり古い時代のコレクションはなく、この地方の服装や生活用具などに関する展示が主体です。例えば「水」のテーマでは漁業用の小船、「風」のテーマでは風車を描いた絵画や構造説明のパネルなどが並んでいます。また地域のかつての生活模様を示しているのでしょうか、ひと昔前のモダンな流し台と湯沸かし器、手回しの脱水器が付いた一漕式の電気洗濯機が置かれたキッチンのジオラマがあります。手紙を入れる小窓がいくつかもあいているドアがある玄関先のジオラマもあります。

この地方の民族衣装をマネキン人形が着ています。奥の一角には木材加工の様子を示すジオラマがあり、製材所での材木の加工風景がよくわかります。このほか地質標本の瓶が置かれたコーナーなどがあります。

民家集落博物館は建物中心で民俗や歴史に関するインフォメーションがありませんでした。この博物館はそうした点を補うために設けられているのでしょう。

■ザーンセ・スカンス博物館

◎アルクマール　Alkmaar

市立博物館

Stedelijk Museum

⬇Alkmaar駅から徒歩

聖ローレンス教会の向かい側にある近代的な建物です。

アルクマールの歴史を物語る絵画作品や武器武具などのほか、市街地各所から発掘された陶磁器や日用品などの考古遺物を見ることができます。展示されていた木製品の櫛は、出土品の保存処理が十分でないことから少々原型を損なっています。珍しい遺物でもあり残念な気もします。正方形の枠内に彫られた石像彫刻には動物や植物が表現されています。特別展のコーナーではビートルズの音楽にちなんだ現代芸術作品が展示されていました。

聖ローレンス教会

Grote St. Laurenskerk Alkmaar

⬇Alkmaar駅から徒歩

アルクマール駅から旧市街地方向に歩くと大きな教会が見えます。建物が十字架形をするプロテスタントの教会で、一四七〇

■アルクマール市立博物館

■聖ローレンス教会

年から一五一六年に建てられたものです。

市庁舎

Stadhuis

⬇Alkmaar駅から徒歩

旧市街地のブレード通りをチーズ博物館の方向に歩いていくと、右手にゴシック様式の美しい建物が目に入ります。これは十六世紀に建てられた市庁舎で、十九世紀末に火災にあって再建されたものです。内部は見学できませんでしたが、塔を伴う堂々とした市庁舎です。

ビール博物館

National Biermuseum De Boom

⬇Alkmaar駅から徒歩

運河に面して立つ博物館で、ビアホールが併設されています。地盤の関係からか壁に少し歪みが見られる煉瓦づくりの建物です。かつてはビールの醸造所で、ビール醸造の工程などが展示されています。

■ビール博物館

■アルクマール市庁舎

■チーズ計量所、博物館　計量所前の広場でチーズ市が行われ、賑わいます

Kaasmuseum・Waag

チーズ博物館・計量所

⬇Alkmaar駅から徒歩

アルクマールは、オランダ各地に見られるチーズ市の開かれる都市の一つです。チーズ市が開かれる広場に面して計量所があります。十四世紀に建てられたゴシック様式の建築で、十六世紀までは礼拝堂として使われていたものです。一五八二年から計量所として使われるようになりました。

その計量所の二階が博物館として公開されています。訪れたのは三月下旬の開館日まであと数日という時期でした。残念ですが、またの機会に来ることにします。しかし、休館中でもミュージアムショップだけはオープンしていました。

オランダ南部の博物館

◎ライデン

シーボルトハウス／デ・ファルク風車博物館／古代博物館／レンブラントの生家／ライデン大学植物園／城壁／民族学博物館／国立自然史博物館／市立ラーケンハル美術館

◎ハーグ

ビネンホフ／マウリッツハイス王立美術館／マドローダム／監獄博物館／ブレディウス美術館／エッシャー博物館／ハーグ歴史博物館／ハーグ市立美術館／ムゼイオン〔科学博物館〕

◎デルフト

ランバート・ファン・メールテン博物館／市立プリンセンホフ博物館／オランダ・インドネシア民俗博物館／陸軍博物館／ロイヤル・デルフト工房・博物館／旧教会／技術博物館

◎ロッテルダム

ボイマンス・ファン・ベーニンゲン美術館／オランダ建築博物館／シャボー美術館／ロッテルダム自然史博物館／カンストハル・ロッテルダム／キューブハウス／スキーランドハイス歴史博物館／ロッテルダム海洋博物館／心臓の破れた男

◎ゴーダ

チーズ博物館／市庁舎

◎ライデン　Leiden*Siebold Huis*

シーボルトハウス

↓Leiden中央駅から徒歩

運河に面した建物は一五七八年に建設され、多くの人々によって住居として利用されてきました。シーボルトは日本から帰国した一八三〇年にこの建物を購入し、日本のコレクションを収納していました。その後、シーボルト・コレクションの展示施設として利用されてきましたが、老朽化のため二〇〇四年までに大規模な改修工事を終え、再び公開されています。建物は三階建てで七部屋から構成されています。

入口の右手には受付とミュージアムショップがあります。左手はシーボルトが書斎としていた部屋で「シーボルトとヨーロッパ」のテーマ展示、続いての部屋は「日本でのシーボルト」の展示が映像で紹介されています。最も奥の右手の部屋はパノラマ・ルームと名付けられた展示室で、数メートルの高さのガラスケースの中に、江戸時代の貨幣や日用品、植物標本、動物剥製などシーボルトが日本から持ち帰った品々が展示されています。彼が日本で飼っていた犬二頭のうちの柴犬の雑種犬が剥製で展示されています。

■シーボルトハウス

■シーボルトが日本から持ち帰った日本地図

■シーボルトの愛犬
このほかにシーボルトはもう一頭犬を飼っていました

二階には「秘蔵品の部屋」があります。照明を暗くした展示室には、葛飾北斎『北斎絵本』や歌川国久の掛軸『遊女の肖像』、川原慶賀『街頭風景』などの貴重な文献、絵画のほか十分の一の商家の模型などが展示されています。

シーボルト事件の原因ともなった日本地図についても、事件前に持ち出された蝦夷地や樺太の地図のほか江戸大絵図や江戸御城内住居の図などの地図や清水寺や長崎湾の精巧な描写図などが展示されています。

★フィリップ・フランツ・フォン・シーボルト Philipp Franz von Siebold（一七九六〜一八六六）

一七七六年ヴォルツブルグで生まれたシーボルトは、内科と外科の教授を父とし、著名な医学者の家系に育ちました。ヴォルツブルグ大学卒業後は外科医、産科医として母親の居住地ハイディングスフェルトで短期間開業しています。若い頃から外国の自然誌学に興味を持っていた彼は東インド勤務の陸軍大尉として、一八二三年バタヴィア（現在のインドネシア・ジャカルタ）に赴任しています。そこで当時の提督ホデルト・フォン・デル・カペレン男爵の勧めで長崎の出島商館の外科医として働く機会を得、一八二三年八月二十三日に日本に到着します。出島でのシーボル

■中庭にあるシーボルト像

トは商館医を務めるかたわら、一八二四年には長崎に医塾設置の許可を得て多くの弟子たちの教育にあたります。鳴滝塾と命名された私塾では医学理論と実践、自然誌、薬草学などが教授されました。

また一八二五年には楠本お瀧と知り合い、一八二七年には娘が生まれています。この娘はおイネと名付けられましたが、彼女が二歳のときシーボルト事件により国外退去となり別れざるを得ませんでした。イネは後に日本初の西洋医学の産科女医として東京築地で開業し、宮内省にも出仕し、一九〇三年に六十七歳で亡くなっています。

シーボルトは長崎在任中、精力的に日本の日用品や動植物などさまざまなものをコレクションしていきました。一八二六年にオランダ商館長ヨーハン・ヴィレム・デ・ステュルレルの江戸参府に従って旅行した後の一八二七年には、その収集品は膨大な量に達していたようです。

同年、シーボルトはスパイ嫌疑で、地図を渡した幕府天文方高橋景保らとともに捕らえられました。一八二九年永久国外追放の判決が下され、翌年十二月三十日に日本を離れました。やがてライデンに居住した彼は『日本』の執筆をはじめるとともに、自らのコレクションの展示公開を行いました。一八五九年、彼は再び日本の地を訪れていますが、帰国後オランダからドイツに移り、一八六六年十月十八日にその生涯を閉じました。

デ・ファルク風車博物館

Molenmuseum De Valk

⬇Leiden中央駅から徒歩

オランダといえば誰しも風車のある風景を思われるでしょう。私もその一人でした。いたるところにチューリップが咲き誇り、風車がまわっているという情景を考えてきたのですが、残念ながらその期待は裏切られてしまいました。もともと標高が低い土地柄で、排水のために必要と書物にあったように思いましたが、農業生産にも重要な役割を果たしていたのです。風車は風の力を利用して粉挽きを行うための役割を担っています。

この風車はライデンのやや小高い丘の頂上にあります。自然の風力を利用するためにこの地に作られたのでしょう。一九六四年まで使われていましたが、今は博物館になっています。風車の中に入り狭い階段を上っていくと見晴らしの良いテラスに出ます。内部には風車を回すための大小さまざまな歯車や粉を挽くための石臼などが設備されています。これは十八世紀から使用されてきたとのことですが、現在は風車の羽根は固定されており、回る姿を見ることはできません。

■デ・ファルク風車博物館

古代博物館

Rijksmuseum van Oudheden

➡Leiden中央駅から徒歩

ロビーに置かれたローマ様式の石造寺院に圧倒されます。この石造寺院は、アスワン・ハイダム建設の際沈むことになったものを一九六〇年にユネスコの手で解体しこの地に移築されたタフィ寺院です。このような例としてはニューヨークのメトロポリタン美術館のデンダー神殿が知られています。ロビーには、このほかにも重量感のある大きな石造彫刻が数点展示されています。

展示室は一階から三階までの三フロアです。一階はエジプト部門で、墳墓から出土したパンづくり職人像、農家の作業小屋風景を表現した土製品、夫婦の石彫像など、エジプト美術の美を堪能することができます。二階はギリシャ・ローマ部門のコレクション、三階は屋根裏部屋になりますが、地元ライデンの歴史を先史時代から近代まで時代順に考古遺物を中心に展示されています。

■古代博物館

■グランドホールにあるエジプトから
移築された石造寺院

■エジプトの人物像

■蓋に被葬者の姿を表現した棺

レンブラントの生家

Rembrandt Geboorteplek

⬇Leiden中央駅から徒歩

ライデンは画家レンブラントの生まれたところです。生家は残っていませんが、運河に沿って白くペイントされた小さな家にレンブラント生誕の地であることを示す記念プレートがあります。隣りには小さなレンブラント公園があり、中央にキャンバスに向かうレンブラントの銅像があります。

この運河には跳ね橋が架かっており、渡ったところには風車があるという、素晴らしく景色のいい場所です。ライデンの中心部に近いのですが、観光客もほとんど見られず静かなところです。

■レンブラントの生家
跡地に建つ民家にパネルがあり、隣接して記念公園があります

ライデン大学植物園

Hortus Botanaicusu Leiden

⬇Leiden中央駅から徒歩

ライデン大学はオランダ最古の大学のひとつです。大学の研究教育施設はライデン駅の周辺にあります。一五八七年に大学付属施設の一つとして植物園が開設されました。大学税所の植物学の教授となったC・クルシウスは、オランダに初めてチューリップをもたらした人物として知られています。園内にはクルシウスの庭園「クルシウスタイン」が復元されています。

またフォン・シーボルトが日本からもたらした多数の樹木、草花のうち十三種、十五本の植物が現在もなおこの植物園で育成されています。このほか日本の樹木から挿し木によって生育した可能性のあるものもいくつかあるといわれていますが、裏付けるのは難しいようです。シーボルトが持ち帰ったものは、樹木の側に学名、和名、植えられた年とシーボルト文様が付された木札が立てられています。なおこのシーボルト文様は、日本国内から持ち帰ったアケビにちなんで図案化されたものです。ちなみにシーボルト植物の代表的なものとしては次のようなものがあります。蔦（ツタ）、ブドウ科、一八六七年以前、鬼胡桃（オニグルミ）、クルミ科、一八六〇年、いろは紅葉（イロハモミジ）、カエデ科、一八六〇年、木通（アケビ）、アケビ科、一八五六年以前ほか。

これらの植物などを植栽したシーボルトメモリアルガーデンが園内中心部にあります。そこには赤い土塀に囲まれた苔と石庭とで構成された日本庭園と茶室風の家屋があり、奥にシーボルトの胸像が置かれています。

■ライデン大学植物園

■シーボルト記念日本庭園

■城塞

■城塞から見たライデン市街

城塞

De Burch

➡Leiden中央駅から徒歩

一五七三年から一五七四年にかけて続けられた独立戦争の際、市民がこの城に一年間立て籠もってスペイン軍に抵抗しました。新旧ライン川の合流地点にそびえる見晴らしの良い丘の上に位置しており、ここから眺める市街地の景観は素晴らしく、格別な気分になります。平地や低地が続くオランダではこれほどの小高い丘は極めて珍しいものです。しかし城塞というにはあまりにも小さいのです。市民が土を運んで盛り土したことで出来上がったものだそうです。はたして市民が立て籠もる役に立ったのか疑問なのですが……。スペインとの戦争に勝利し、独立解放を勝ち取った十月二・三日はライデン市民の最大の祝日となっているそうです。城塞の近くのゲートのライオン像は、市の紋章にもなっています。

民族学博物館

Rijksmuseum voor Volkenkunde

➡Leiden中央駅から徒歩

ライデン駅の東側には大学や博物館がある市街地が広がっています。駅前から少し歩くと運河で、右側にこの博物館が見えます。運河の途中には白い睡蓮の花が咲いており、その土手には柳の木が植えられています。

ここは西ヨーロッパ以外の民族資料がコレクションされた、異文化がわかる博物館です。グランドフロアはインドネシア、オセアニア、アジア地域のコーナーです。インドネシアはかつての東インド会社の本拠地があった場所で、民族資料が日立って多いのは当然でしょう。二階には日本、朝鮮、中国、北アメリカ、中米、南米地域の民族資料が集められています。日本コーナーでは仏像や陶磁器、漆器などを見ることができます。

■民族学博物館

■日本の仏像展示

■中米の民族資料の展示

Naturalis

国立自然史博物館

⬇Leiden中央駅から徒歩

ライデンの博物館や大学のある地域とは鉄道をはさんで反対側に自然史博物館があります。十九世紀の初めに建てられました。現在の施設は、一九九八年「ナチュラリス」という名称で装いも新たに開館したものです。

古い煉瓦つくりの建物と新しい近代的なガラス張りの建物があり、両者は渡り廊下で結ばれています。主な展示は新しい建物で行われており、受付やミュージアムショップは古い建物にあります。

渡り廊下では植物と環境に関するパネル展示があります。本館部分には鉱物学及び化石のコーナー、動物学のコーナー、植物学のコーナー、人類学のコーナーなどとテーマ別展示が行われています。

動物のコーナーではきりんや象、らくだ、バッファローなど、本来は同じ生息域でない動物たちの剥製が肩を寄せ合うように床に並べられています。また同じフロアの窓際に二頭のさいの剥製がまるで館内を歩いているように置かれています。また骨格標本も見ることができますが、比較的小型の動物が多いように思えます。

化石のコーナーでは、現在の魚の祖先であるギョリュウから現在に至るまでの化石が展示されています。カメ

■自然史博物館

■哺乳動物の展示
館内を闊歩するようにも見えるさいの剥製

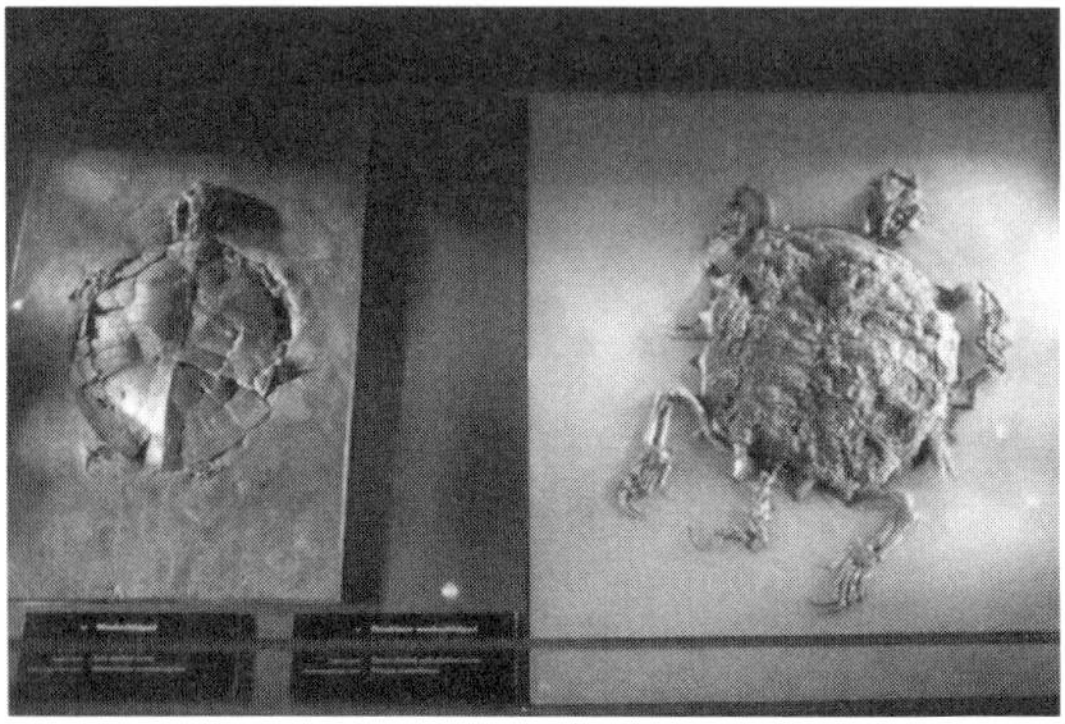

■亀の化石

の化石もいくつか見ることができます。恐竜の展示では、大型恐竜の足の部分が復元されており、片方が骨格部分、反対側が筋肉をつけた復元というような、ほかの博物館では見られないような工夫が見られます。自然劇場と名付けられたコーナーでは、鳥が空中を飛ぶ姿、あしか、いるかなどお馴染みの水生動物が水中を泳ぐ姿を空中から吊り下げています。同じ空間に空中と海中が同居しているのはどうかとも思いますが……。

このほか、植物、エネルギー、進化、天体と地球など自然科学に関する展示が続きます。最上階では大型スクリーンに海岸が映し出されています。この海岸の波打つ様子と砂の関係を学者が「Where are all those sand waves going?」と観客に問いかける内容でした。

いずれのコーナーの展示も子供たちにわかりやすくということが心掛けられており、自然史に対する理解を深めるという設立の目的は十分に達せられているように見えます。

この博物館は規模が大きく、また映像などヴィジュアル面での設備が整っており、好感の持てる博物館です。

市立ラーケンハル美術館

Stedelijk Museum De Lakenhal

⬇Leiden中央駅から徒歩

運河に沿って建つ歴史的な重みがある建物です。ラーケンハルとは「毛織物ホール」という意味です。ライデンは織物業で栄え、十七世紀に織物業者のギルドがこの建物を建設しました。一八〇〇年に工場が閉じられ、一八七四年に博物館として開館しました。

展示は一階から四階までで行われています。入り口のある一階は「現在のプレゼンテーション」とテーマが示されています。まず十六世紀から十八世紀のタイルの豊富なコレクシ

■市立ラーケンハル美術館

ヨンからとくに洗練されたものが展示されています。白地に藍色の文様が美しくプリントされたもので、デルフトなどで生産されたものでしょう。次に北部オランダにおけるルネサンス期の代表的な絵画作品の展示が展開されます。部屋の中央に祭壇画が置かれ、周囲に数点の宗教画があります。このほか古典主義、ロマン主義、一九一七年以後の作品の展示もあります。

二階ではテキスタイルの展示があり、かつて栄えた地場産業の織物を取り上げています。三階は特別展示の催事場です。四階はライデンの歴史を紹介するコーナーです。現在のライデンの写真とかつての姿、出土品、絵図などを比較しながら歴史を知るというもので、デイスプレイに一工夫がある展示でした。

入口付近にはコーヒーコーナーやミュージアムショップがあります。

■絵画の展示室

このほかにもライデン市内には次のような小規模な博物館があります。

■ブールハーブ博物館　Museum Boerhaave
医学とりわけ解剖学及び自然科学に関する歴史資料を多くコレクションしています。

■車大工博物館　Wagenmakersmuseum
かつての馬車づくりに従事した職人（大工）の様子がわかる博物館です。当時、製作や修理に使用された道具や作業場のジオラマ、彼らによって製作された馬車などが展示されています。

■ピルグリム博物館　Pilgrim Museum
アメリカ合衆国の生みの親とも言われるピルグリム・ファーザーズが一八〇九年から新天地を求めてアメリカに旅立つ一八二〇年までの間、ライデンで過ごした場所を博物館として公開したものです。

■国立貨幣資料館　Koninklijk Penningkabinet
世界中のコインなどの貨幣がコレクションされている博物館です。

◎ハーグ　Den Haag

Binnenhof

ビネンホフ

⬇T10・16・17 Buitenhof駅、T2・3・6 Spui駅

十三世紀から十七世紀にかけて造られた歴史的な建造物が集まった一帯がビネンホフと呼ばれています。現在、国会議事堂、総理府、外務省などの国の主要機関として利用されています。

丸い二つの塔を両側に伴う教会風の建物が目に入ります。これは「騎士の館」と呼ばれ、国会議事堂として利用されています。

ビネンホフの北側にホフフェイファと呼ばれる大きな池があり、池越しに見える建物は、ヨーロッパの中世の建造物の美しさの見本のような威風堂々たるものです。

Royal Cabinet of Paintings Mauritshuis

マウリッツハイス王立美術館

⬇T10・16・17 Buitenhof駅

美しい水を満々とたたえたビネンホフ前の池に面した伝統的な建物がマウリッツハイス美術館です。館の案内パンフレットには「ロイヤル絵画ギャラリー」とも書かれており、絵画が中心の館であることがわかります。

美術館の名前のヨハン・マウリッツは、一六〇四年ディレンブルグで生まれました。祖父、父ともに軍人で、祖父のヤン・デ・オウデはオランダ建国の父といわれるオラニェ公ヴィレムの弟でした。このような家庭で育っ

■ビネンホフ　池越しに見るビネンホフの建物群は幻想的です

■騎士の館

■マウリッツハイス王立美術館

たマウリッツは一六三六年に大きな武勲をあげています。

この時代は世界各地に雄飛した大航海時代と呼ばれていますが、オランダは一六三六年ブラジルを植民地とします。その総督としてマウリッツが指名され、ブラジルに乗り込みます。ここでポルトガルとの争いにも勝利し、新たな都の建設に着手しました。新都はマウリッツスタットで、一六四一年当時一万人にも及ぶ人口があったとされています。彼は一六四四年に職を辞するまでの間、君主として統治していました。

一六四四年八月、ハーグに戻ったマウリッツは、留守中に建設させていた邸宅に入りましたが、マウリッツが砂糖交易で私服を肥やしたことから、西インド会社の役員の間では「砂糖の館」と中傷したそうです。この邸宅はオランダ国王ウィレム一世に買い取られ、王室の美術品などのコレクションが収められました。やがてはウィレム五世公が基礎を築いたコレクションをオランダ政府に寄贈し、ロイヤル・ピクチャーギャラリーと呼ばれるようになります。

一八二二年、これらのコレクションは最初に住んだヨーハン・マウリッツにちなんで名前が付けられたマウリッツ・ハイスに収められ、美術館として国民に公開されました。ちなみにこの古典的な建物の設計は建築家ヤコブ・ファン・カンペンです。

この後、フランスの占領によってコレクションの多くはフランスに持ち去られます。ワーテルローの戦いでナポレオンが失脚したことによりコレクションの多くは戻されましたが、なお七〇点を超える作品がフランスに残されました。バタヴィア共和国からオランダ連邦国となりますが、一八四〇年ベルギー蜂起などの戦乱によって財政的には厳しい時代が続きました。美術への関心が皆無であった期間の一八五〇年と五一年にはウィレム二世のプライベートコレクションが競売にかけられるなど受難の時代でもあったのです。一八七五年以来、美術館としての本格的な収集活動などが再開され、現在の素晴らしいコレクションを誇る美術館へと発展してきました。

この美術館が誇る絵画コレクションは数多くありますが、そのうちでもとくに見逃せない作品をいくつか紹介しておきましょう。

ヤン・ブリューゲル（父）とペーテル・パウル・ルーベンスの共同制作になる「アダムとイヴの堕落と地上の楽園」、ヤン・ステーン「牡蠣を食べる少女」、フランス・ハルス「笑う少年」、レンブラント「ニコラース・テュルプ博士の解剖学講義」「老人像」「自画像」、ルーベンス「クララ・フールマンの肖像」、フェルメール「真珠の耳飾りの少女」などがあります。とくにフェルメールの作品は一六六五年頃に描かれた〈トローニ…描かれた肖像〉の一つで、最もよく知られた作品でしょう。

またレンブラント「自画像」は一六六九年に描かれたことが自筆サインでわかります。この年の十月四日に彼は六三歳で亡くなっていますので、この作品が最後の自画像ということになります。なおヤン・ブリューゲル（父）とペーテル・パウル・ルーベンスの共同制作になる作品は一階のフランドル派の間、ハルス作品は二階ステーンの間に、フェルメールの作品は同じ二階の右手隅のフェルメールの間に、レンブラントの作品は同じ二階のレンブラントの間、二部屋にわたって掲げられています。残念ながら館内の撮影が許されていません。

他の美術館に比べ広いとはいえませんが、それぞれの作品展示の間隔や背景に絶妙の配慮が行われているのが特徴です。

マドローダム

Madurdam

➡T9　Madurdam駅

市街地北部の自然公園の中に設けられたテーマパークです。オランダ国内の建物などを縮尺二十五分の一で復元しています。トラムの駅からは徒歩一分という便利さです。

まず港の風景です。コンテナがうずたかく積まれクレーンが置かれています。さすがに海運国のオランダの港らしく大型小型の貨物船が出入りしています。そのうちの一隻から煙が出ています。消防船が近づき放水が始まります。凝った演出ですが、模型も随分疲れているようで、それがかえってほほえましくも見えました。

全体のジオラマの周囲にオランダ国鉄の線路が敷かれています。そこをＩＣ特急や貨物列車が疾走していきます。また空港のジオラマでは、世界各地の航空会社の飛行機が駐機場に、ＫＬＭオランダ航空機が滑走路へ向かっていきます。

おなじみの黄色いオランダ鉄道の駅舎や風車、オランダの各地の名所旧跡もジオラマになっています。なるほどよく特徴をとらえていると感心させられます。

施設の一角に大きなショップがあり、絵葉書やガイドブック、オランダ名物の大小の木靴、デルフト焼きのデザインタイル、マグカップなどのほか、お土産やおもちゃなどが販売されています。大人も子供も楽しめる楽しい施設です。

監獄博物館

Rijksmuseum Gevangenpoort

⬇T10 Kneuterdijk駅

ビネンホフの前の池ホフフェイファの北西側にある博物館で、マウリッツハイス王立美術館や歴史博物館とは池を挟んで反対側になります。古風な煉瓦づくりの外壁に金色のエンブレムが掲げられ、丸い塔と円錐形の緑色の屋根という目を引く建物です。

この建物は十四世紀にヘット・ビネンホフの伯爵邸の正門でした。十五世紀～現在のような外観は十六～十七世紀に造られたようです。十九世紀頃はホフ・ヴァン・ホランド(刑事裁判の最高意思決定機関)およびハーグ法廷の監獄として使われてきました。ここが公開されたのは一八八二年からのことです。

この博物館はガイドツアーによってのみ見学が可能です。いたずらなどをする不心得者が入るからでしょうか。中世以来、監獄として用いられてきた部屋が展示室になっています。留置場、騎士の部屋、女性の部屋、制裁台とすりおろし器、人質の部屋、恐怖の屋根裏部屋、別れの部屋、苦痛の部屋などさまざまです。

■監獄博物館（南側からのぞむ）

また、随所に当時の拷問具が置かれています。想像するだけでも背筋が寒くなる感じがします。

ミュージアムショップにはガイドブックや絵葉書が置かれていました。

■監獄博物館の入り口

Museum Bredius

ブレディウス美術館

⬇T 10・16・17 Buitenhof駅

ビネンホフ前の池ホフフェイファに走るトラム沿いに三階建ての伝統的な建物が連続しています。その中の一つがブレディウス美術館です。

この美術館は、一八八九年から一九〇九年までの間、マウリッツハイス王立美術館の館長で美術品コレクターだったアブラハム・ブレディウスのプライベートコレクションを展示する美術館です。風車などを描いた十七世紀オランダの風景画などの展示が行われています。また内部の各部屋には家具調度品が置かれており、かつての暮らしも想像することができます。

Esher in Het Paleis

エッシャー博物館

⬇T 10・16・17 Korte voorhput駅

M・C・エッシャーの作品をコレクションする美術館です。エッシャーはオランダ出身の版画家で、だまし絵と呼ばれるジャンルが中心で、不思議な印象を与える独特の手法の絵画です。

■エッシャー博物館

■シャンデリア（かさ）

■シャンデリア（パイプ）

■だまし絵
鳥が魚に、魚が鳥に
見えてしまいます

二〇〇二年十一月にランゲ・フォールハウト宮殿の建物を利用して彼の代表作を集めた美術館が開設されました。だまし絵の世界も魅力ですが、各部屋のシャンデリアの形の奇抜さには驚かされます。パイプもあれば、傘を逆さに吊るした形、どくろの形のものまであります。シャンデリアは、ガラス細工をちりばめて豪華に見せるように作られるのが普通ですが、こんな変わった形のものは初めて見ました。これもエッシャーの思想の表現なのでしょう。

Haags Histrisch Museum

ハーグ歴史博物館

⬇T 10・16・17 Buitenhof駅

ビネンホフ前の池の南側にある博物館です。ビネンホフ、マウリッツハイスに近いのですが、意外と観客は少ないようでした。展示は主にハーグの歴史に関するものですが、関係する人物を知らないとわからない内容です。また、当時の家具や調度品、中世の監獄のジオラマが写真パネルなどによって造られています。この監獄のジオラマは、近接する監獄博物館に実物があります。

Haagse Gemeentemuseum

ハーグ市立美術館

⬇T 17 Museon駅

市内のはずれのスヘフェニンヘン森林公園の西側に一九三五年に建てられた大きな美術館です。一九九六年にリニューアル工事が行われました。もともとの館はアムステルダム証券取引所の設計で知られる建築家ベルラーへの手になる作品でした。

館の前方には大きな人工の水辺が造られており、その間を通って入館するようになっています。一階にはヴェネチュア・グラスのコレクション、ドールハウスなどが小さく区切られた展示室に展示されています。また二階ではハーグ時代のピカソ、ハンス・シマンスキー、ルシアン・フレウドの展示コーナーがあります。

この美術館には世界的にも有数の近代美術コレクションがあり、モネ、ゴッホ、ピカソ、クールベ、シスレーなどの作品が所蔵されています。とくにオランダの近代絵画を代表する画家ピート・モンドリアンの作品コレクションでは随一を誇っています。このほか衣装、彫刻、陶磁器、ガラス工芸、楽器・楽譜コレクションなど見るべきものが多い美術館です。

■ハーグ市立美術館
館の前方には広い人工池があります

ムゼイオン〔科学博物館〕

Museion

⬇T17 Museon駅

市立美術館と同じ建物の中にありますが、入口や入館料などは別になっています。この博物館は自然科学に関する総合博物館ですが、民族学や考古学などの分野も含まれています。

一階では指紋照合のメカニズムや実際の方法を写真パネルや映像で解説しています。また人間の頭骸骨から生前の顔を復元する複顔法についても過程を追って説明しています。これらは現代の科学警察の実際を展示しているものです。

■ムゼイオンの展示
恐竜の骨格標本

■原始時代の暮らしのジオラマ
このほか石器や土器の展示も見られます

二階に上ると、まず人類のコーナーでは、先史時代に使用された道具である石器や土器が置かれ、住居跡を復元したジオラマの展示があります。民族学の展示では、民族衣装や生業の道具、祭祀に用いられた仮面や祭具がコレクションされています。これらはオランダ国内のものではないようです。次に動物学に関するコーナーでは動物の化石や剥製がケースに収められています。また映像でこれらの動物の生態を理解できるように配慮されています。エネルギーに関するコーナーでは風車や水車のほか各種の発電システムの解説も行われています。

◎デルフト　Delft

ランバート・ファン・メールテン博物館

Lambert van Meerten Museum

⬇Delft駅から徒歩

　運河に面して建つ三階建ての古風な邸宅で、博物館を示す看板がないと見過ごしてしまいそうです。ここはランバート・ファン・メールテンが居住した邸宅に彼自身が収集してきた十六世紀から十九世紀のデルフト焼の陶磁器やタイルなどを展示した博物館です。各部屋の壁面はもちろん階段の壁面にも一面にタイルが飾られています。また、部屋の調度品からは住居として使用されていた頃の様子が伺えて興味深いものがあります。

　白地に藍色の染付け風のタイルのほか、赤や緑、黄色というように色彩が豊富に施されたタイルの文様はまるで万華鏡のようです。文様の題材は、花鳥をデザインしたものが多いようですが、動物の姿や人物像なども見られます。人物像をテーマにしたタイルの文様には、北オランダで使用されていた一六二〇～一六五〇年頃の日常生活を表現したものや、同じ頃の子供たちの遊戯風景、港と船舶を描いた一六五〇～一七〇〇年頃の作品などがあります。タイルコレクションのもっとも古いものはドイツのタイルで十三世紀に創られたものです。

■ランバート・ファン・メールテン博物館

タイルの大きさも十センチ程度のものから五十センチを超えるものまでさまざまです。大半が正方形ですが長方形のものもごく少数見られます。小型のタイルは単独ではなく複数以上の組み合わせて用いられるようで、それを見こした文様配置になっています。大型の組み合わせでは陶板画があり、帆船の図柄などが見られます。

デルフト焼の壺や皿などタイル以外の作品も展示されています。また窯業生産に関連する道具、例えば製品を焼くときに用いるさやや重ねる際に用いるとちんなどの道具があります。また焼成途上で製品同士がくっついたものや未成品など、遺跡から発掘されたものもケースに収められています。

ミュージアムショップでは、博物館のガイドブックや展示品の絵葉書、ポスター、さらにデルフト焼のタイルやマグカップなどが売られていました。

■館内の壁面という壁面すべてにタイルが展示されています。

■タイルコレクションの一部　植物、動物紋様の色調豊なタイルです

市立プリンセンホフ博物館

Stedelijk Museum Het Prinsenhof

十五世紀に女子修道院として建設されましたが、一五七二年にはウィレム一世の住居として使用されるようになりました。ウィレム一世はオランダ独立の直前の一五八四年にこの建物の中で暗殺されました。その現場の階段の壁には今も弾痕が残されています。

博物館内にはかつての修道院の面影を残す部屋やウィレム一世に関連するオラニエ家の絵画コレクションをはじめ多くの陶磁器、家具などの調度品などが展示されています。

■市立プリンセンホフ博物館

■ウィレム1世暗殺現場の弾痕

➡Delft駅から徒歩

オランダ・インドネシア民俗博物館

He't Indonesiemuseum van Nederland

プリンセスホフ博物館の南に隣接する東西に長い建物です。入口に長方形の旗と象の彫刻が置かれています。

➡Delft駅から徒歩

■オランダ・インドネシア民俗博物館入り口

■民俗博物館内の影絵人形の展示

インドネシアはオランダが大航海時代に東アジアへの進出拠点とした地域です。交易の中心となったのがジョグジャカルタに本社を置いた東インド会社です。この会社はVOC(Verenigde Oostindische Compagnic)と略称され、そこで使用された大半のものにこの記号が付けられていました。とくに日本から輸出された伊万里焼の皿の中央にこの記号が付けられていたことは良く知られています。

　この博物館は、オランダで唯一のインドネシア文化と民俗を取り扱うユニークな施設であるとガイドブックには記されています。

　展示品はインドネシアに関係する民俗資料コレクションが中心です。その広範な地域のコレクションでは仮面類や楽器が多く見られます。ガムラン音楽の楽器も置かれていましたが、楽器の手入れや調音はしているものの演奏はしてくれませんでした。

　ほかには、影絵芝居で有名なワヤン人形や、ヒンズー教の仏像彫刻、金属器などが見られます。続く展示室では、彼らの生業に関連するもの、例えば狩猟や漁労のために用いた道具や、織物のための道具や狩猟用の道具などがケース内に並べられています。また彼らが製作した動物を表現した木製の仮面や木彫像も見ることができます。ミュージアムショップは、入口受付の後ろにありましたが、ガイドブックは用意されておらず、民芸品やポストカードなどが販売されていました。

陸軍博物館

Legermuseum

⬇Delft駅から徒歩

運河によって三方を囲まれており、一方からしか出入りできません。運河に沿って歩くと右手に博物館の中庭が見えてきます。大砲や戦車を見ながら進むと博物館の入口です。

館内には第二次世界大戦中のオランダ陸軍の装備全てがわかる展示があります。さらに国連平和維持軍に参加したときの装備や武器が置かれており、オランダが関わってきた国際紛争、戦争の歴史がわかるようになっています。戦車、装甲車、大砲が展示され、当時の軍装姿の等身大の人形など臨場感十分といえます。館内の照明は暗めですが、ケース内を明るくしているため展示品はよく見えます。

まず、整列した軍隊のジオラマがあります。次の展示室では壁面一杯にびっしりと鉄砲、それもほぼ同じような構造の単発銃ばかり並べられています。圧倒される迫力ですが、さらに進むと各時代の軍服と装備の変遷、剣の展示があります。

狩猟用の鉄砲などは柄や鞘の部分などに派手な装飾をしたものがありますが、軍隊で使ったものにはそんなものが不要なのは当然ですが、それだけに地味なものばかりで面白みには欠けます。量の多さにやや食傷気味になってきました。

■20世紀オランダ陸軍のジオラマ

ロイヤル・デルフト工房・博物館

Plateelballerij tot Royal Delft, Museum

⬇Delft駅から徒歩

一六五三年の創業といわれるロイヤル・デルフトの工場及び博物館です。かつての穀物工場の建物を利用しています。内部には工房、ショールーム、博物館などがあります。

入口には白地に鮮やかな藍色の文様とロイヤル・デルフトのイニシャルの刻まれた陶板の展示があります。続いてデルフトの製品で作られたモニュメントが目白押しに並べられています。皿、壺のような小型品に限らず、

■ロイヤル・デルフト工房・博物館

■絵付けの風景

■博物館の展示

大きな建築用の装飾品も作られていたことがわかります。さまざまな製品を見た後は工房部分に入ります。女性が椅子に座って絵付けをしています。熟練した技術で次々に文様を描いていく様子はさすがプロと感心しました。次の工房では釉薬をかけて仕上げ作業、さらに乾燥が行われています。完成した製品が焼成作業に入るまで板に載せられて棚にまとめられている様子は、日本の窯業生産地でもよく見かける光景です。

展示室と工房の見学が済むと、見学経路はミュージアムショップへといざなわれるようになっています。ここで焼かれた製品の販売が行われています。レンブラントやフェルメールの作品を染付け風の藍色で陶板に焼き付けた大小の製品や、花瓶、コーヒーカップ、皿などがあります。相当高いものもありますが、失敗品で目立った傷の少ないものをそのことを表示して半額で販売しているものもありました。ガイドブックや絵葉書などのほか、タイル、陶板なども木枠に入れて販売されていました。

★デルフト焼

白地に藍色の彩色の文様を施した焼き物は中国磁器に近似しています。そのオランダ版ともいえるデルフト焼の生産は十七世紀初頭以来続けられてきました。

十六世紀にアントワープの町でイタリア人の陶工によってマヨルカ焼が伝えられその生産が広まりました。一五八五年に街がスペインの侵略を受けた際、イタリア人陶工たちは北ホランド州に逃げ、デルフトなどの街で陶器生産を開始しました。やがて一六〇二年オランダは東インド会社を設立し、東アジアと活発に交易を始めます。この交易を通じて中国から磁器が伝えられ、当時の貴族階層の人々にもてはやされます。しかしまもなく中国本土の政情不安によって磁器輸入が滞ります。この機会を好機としてデルフトの陶工たちが磁器の生産を拡大します。

当時のデルフトは、商業上の特権を失った醸造所の閉鎖が相次いでいました。この醸造所には窯があり、それを陶器焼成に転用することが可能であったこともあってデルフトでの生産が発展したとされ、一六三〇年頃には三二にのぼる陶器の生産工場があったといわれています。

Oudtekerk

旧教会

⬇Delft駅から徒歩

アウデデルフト運河に沿って建つ斜めに傾いた塔のある赤レンガつくりの建物です。この教会は十三世紀から十五世紀にかけて、時計塔をはじめ尖塔、礼拝堂などが建設されました。教会の礼拝堂建物の内部には素晴らしいステンドグラスがあります。

Technik Museum

技術博物館

⬇Delft駅から徒歩

駅前からランバート・ファン・メールテン博物館や陸軍博物館などの案内表示にこの博物館の名前が見えたので立ち寄ってみました。煉瓦づくりの建物とそれに附属するガラス張りの建物が博物館になっています。残念ながら休館中で内部を窓越しに見ただけです。

■旧教会の傾いた塔

■技術博物館

◎ロッテルダム　Rotterdam

ボイマンス・ファン・ベーニンゲン美術館

Museum Boijmans van Beuningen

⬇T5　Museumpark駅

　ミュージアムパークの中心施設の一つで、塔を備えた威風堂々とした建物です。

　一八四九年に美術品収集家ボイマンスのコレクションを母体に市立美術館として設立されました。やがて一九五八年に同じく収集家のファン・ベーニンゲンのコレクションが寄贈されました。これによって二人の名前を冠した美術館となりました。

　絵画・彫刻分野では、十五世紀から二十世紀までの代表的な作品がコレクションされていると行っても過言ではないほどです。十五〜十六世紀の作品ではピーター・ブリューゲル、H・ボッシュ、十七世紀ではP・ルーベンス、十九世紀以降ではクロード・モネ、エドワード・モネ、ドガ、ゴッホ、ゴーギャン、セザンヌ、ムンク、ピッサロ、シスリー、ピカソ、カデンスキー、ダリなど世界的に知られた画家の油彩画をはじめ、素描画も多く見ることができます。またロダン、ドガ、マイヨールなどの彫刻作品なども多数あります。

　これらのコレクションはすべてがすばらしいのですが、とくに

■ボイマンス・ファン・ベーニンゲン美術館

■ボイマンス・ファン・ベーニンゲン美術館の展示「バベルの塔」

■オランダ建築博物館

■シャボー美術館

ネーデルラント絵画を代表するＰ・ブリューゲルの「バベルの塔」は見逃せません。なお、オーストリアのウィーン美術史博物館にはブリューゲルの同じテーマの作品があります。

またこのほかに銀製品やガラス細工、デルフトなど各地の陶磁器のコレクションも見逃せません。現代工芸の作品では、椅子や電化製品、食器のデザインの奇抜さにも注目です。

オランダ建築博物館

Nederlands Architecturinstuut （*NAi*）

⬇Ｔ５　Museumpark駅

ミュージアムパークの一角にあり、ボイスマン・ファン・ベーニンゲン美術館とは指呼の距離にあります。前方に水をたたえた人工池をめぐらせたガラス張りの近代的な建築の博物館です。一九九三年に開館したもので一八〇〇年以来の建築資料をコレクションしています。

シャボー美術館

Chabot Museum

オランダ建築博物館とボイマンス・ファン・ベーニンゲン美術館のある公園の一角にある個人の住居ともみえる小さな美術館です。ここがヘンク・シャボー（一八九四～一九四九）の美術館です。シャボーは、ロッテルダム出身の画家、彫刻家で、彼の作品を中心に展示されています。二〇〇八年春には改装中でした。

⬇T５　Museumpark駅

ロッテルダム自然史博物館

Natuurhistorich Museum Rotterdam

ミュージアム・パークの一角にある比較的小さな博物館です。建物の外側から見るとガラス越しにくじらの大きな骨格標本が展示されているのが見えます。入口の壁面には一～二メートルのワニの皮が二点掲げられています。また入口からすぐの展示は、大小さまざま、色調も白や茶、一色のものから斑点の見られるものまで一〇〇点以上の卵がケースに詰め込まれています。下方部に何の卵かの表示はありますが、あまるに小さい文字で見えません。このケースが三つ続きます。骨格標本や化石などをはじめ水鳥の剥製などがケース内に雑然と置かれています。またトカゲのような小動物が水槽で飼育されていました。館内を歩いてみましたが、とくに目立っている展示物は見られないようです。

⬇T５　Museumpark駅

■ロッテルダム自然史博物館
ガラス窓越しに大きな骨格標
本が見えます

■館内の壁面に掛けられた
ワニの皮

展示室の一角には動物をテーマにした現代アートの展示が行われていました。広い室内を使用し、馬と人物や鹿の彫刻、あるいはきりん、おおかみなどのカラフルな絵画作品が並べられていました。

Kusthal Rotterdam

カンストハル・ロッテルダム

⬇T5 Museumpark駅

ミュージアムパークの南西端に位置するガラス張りの近代的な建物がこの博物館です。自然史博物館の左に通路を挟んで隣接しています。ここでは企画展がよく行われるそうですが、シーズンオフには全く展示が行われていない場合もあります。

DE Kijk-Kubus/Het Blaaks Bos

キューブハウス

⬇M、T21 Blaak駅

地下鉄の駅を出るとに奇妙な建物が目に入ります。ルービックキューブをいくつも接合したような異様な建物は、実は人が住むマンションとして建てられたものです。現在も生活している人がいます。さすがに建築芸術の国オランダの面目躍如というところでしょう。形も色彩もユニークです。一室が公開されているので中に入ってみましたが、外観ほど不自由な印象

■カンストハル・ロッテルダム

■キューブハウス

はありませんでした。

HiSTORISCH Museseum Schilandshuis

スキーランドハイス歴史博物館

➡M、T8・20・23・25 Beurs駅

周囲には近代的な高層ビルが建ち並ぶ市街地の一角に取り残されたような伝統的な建物があります。建物の正面の壁は白く、窓には緑色のカーテンが張られ、側面の壁は茶色で、窓には濃い茶色のブラインドがかけられています。バロック様式の建物外観を眺めるだけでも十分楽しめます。

この建物は一六六二年から一六六五年にかけて建造され、一八六四年に火災によって内部が被災しましたが、第二次世界大戦では壊滅的被害を被ったロッテルダム市街にあって唯一その戦火を免れた建造物です。

ロッテルダムの歴史を物語る調度品や家具、かつての市外の様子を伝える写真パネル、ポスターなどの品々が並べられています。また地元ロッテルダムの画家が描いた作品や銀細工作品などを見ることが出来、歴史と芸術の両面からロッテルダムを紹介しています。

Maritiem Museum Prins Hendrik

ロッテルダム海洋博物館

➡M、T8・20・23・25 Beurs駅

歴史博物館とは道路を隔てて位置する近代的な建物です。入口の壁に大きな画面がかけられビデオ映像が流れています。この雰囲気からは博物館とはわかりません。まるで会社のオフィスのようです。

最初の展示は壁面全体に飾られた船の模型群です。いずれも十九〜二十世紀に海上交通の王者であった商船で

■スキーランドハイス
歴史博物館

■ロッテルダム海洋博物館

■木製のかじ

■グランドホールの壁面に
見られる船舶模型
50隻以上の客船、貨客船
模型が展示されています

す。模型の定番である戦艦などの軍用船舶や帆船は見当たりません。続いて木造の大きな舵が天井から吊り下げられており、迫力があります。

船の桟橋に見立てたような長い通路を通って展示室に向かいます。港に向かって航行する船のジオラマや、船の操舵室の実物大ジオラマがあります。この操舵室に入って、これから入港する港を眺められる体験展示コーナーもあります。操舵室などふだんは誰でも入れるところではないためか、子供たちにも人気があります。

オランダとアメリカの定期航路にちなんだ展示も見られます。当時のパンフレットやポスター、さらに船室のジオラマ、船員の衣裳などです。船室内で用いられた食器なども展示されています。

館の外側には港に続く運河があります。そこにはかつて使用された港湾施設、例えばクレーンや灯台、船を係留するためのブイなどが野外展示されています。また古い時代の船も陸揚げされて展示されています。岸壁に係留されているオランダ海軍の軍艦ブッフェル号は、内部が見学できるようになっていますが、二〇〇八年春に訪問したときは修理中で内部は見学できませんでした。

Verwoest Stad

心臓の破れた男

⬇M、T8・20・23・25 Beurs駅

海洋博物館の館内から隣りの広場の大きなブロンズの彫像「心臓の破れた男」が見えます。心臓の部分に大きな空洞が開き、両手を開いて上方に大きく伸ばした男性像です。この像はザットキンの作品で、第二次世界大戦で壊滅的な打撃を被ったロッテルダムを象徴するオブジェの一つです。

■心臓の破れた男

◎ゴーダ　Gouda

Kaas Waag

チーズ博物館

⬇Gouda駅から徒歩

広場に面して建つチーズの計量所が博物館として公開されています。内部には大きな天秤はかりが設備されており、この地域で取引された大量のチーズを計った場所です。現在もその面影は残されており、大量のブロック状のチーズがうずたかく積まれており、観光客らがそれらを購入しています。建物の上部へは細いらせん状の階段が続いており、上がりきったフロアでチーズ関係のコレクションが展示されています。この展示室へは、受付で料金を支払って上ることができます。

■チーズ博物館

■チーズを計る秤

Stadhuis

市庁舎

⬇Gouda駅から徒歩

チーズ博物館のある広場の中央に建てられた市庁舎は、十五世紀のゴシック様式のファサードが特徴で、オランダで最も古い建物の一つです。壁面には仕掛け時計があり、三十分ごとに人形が現れます。これはホラント伯の領地だったゴーダが一二七二年にフロリス五世から都市特権を与えられたことを記念するものです。

このほかゴーダ市街には、聖ヤン教会、十七～十九世紀の人々の生活文化を知ることができるカタリナ博物館、十七世紀の商人の家を博物館にしてタイル、パイプ、陶磁器などを展示するモーリアン博物館などがあります。

■ゴーダ市庁舎

【主な参考文献】

NEDERLAND MUSEUMLAAND, Inmerc, 2006.
Musea in de kop van Holand, 2007.
栗原福也監修『読んで旅する世界の歴史と文化　オランダ・ベルギー』新潮社、一九九五年。
『アムステルダム』〈旅する21世紀ブック望遠郷6〉、ガリマール社編、同朋舎出版、一九九四年。

■アムステルダム
100 Golden, Age Paintings, Rijksmuseum Amsterdam, 2005.
Gids Joods Historisch Museum, 1995.
The Rembrandt House Museum Amsterdam, 2005.
Bijzondere Collecties, Universteft van Amsterdam, 2007.
リュート・ファン・テル・ロル、リアン・フェルフーファン『アンネ・フランク』アンネ・フランク・ハウス、一九九二年（日本語冊子）。
マルレーン・ドミニクス・ファン・ズースト『マスターピース・ガイド』アムステルダム国立美術館、二〇〇四年（日本語冊子）。
ルイ・ファン・ティルボルフ『ファン・ゴッホと日本』ファン・ゴッホ美術館、二〇〇六年（日本語冊子）。
Der Ostindienfahrer,die "Amsterdam", 1997.
The old Biblical Museum of Rev.Leendert Schouten(Eztract from the duch catalogue), Bijbels Museum, 2002.
Tropenmuseum vistors guide, Tropenmuseum ,2007.
Silver Wonders from the East Filigree of the Tsars, Hermitage Amsterdam.
Her Verzetsmuseum Amsterdam(The Dutch Resistance Museum), Verzetsmuseum Amsterdam, 2007.
The Masterpieces Guide, Rils Museum A, stersam, 2003.

■ハーレム
The Frans Hals Museum Haarlem, Ludion Guides, 2007.
Haarlem 1600-1700, E en Reportage, Frans Hals Museum, 2005.
Elsa Ploeger, Vormgeving, Willem Morelis, *Inapiratie uit Italie*, Frans Hals Museum, 2005.
Duth Art in the Age of Frans Hals, 東京新聞、二〇〇三年（展示カタログ）

■ユトレヒト
Tarq Hoekstra, Casper Staal, *Catharijneconvent van klooster tot museum*, Uitgeverij Waanders, 2006.
Two Laws……、One Big Sprit ?Rusty Peters Peter Adsett, Aborignal Art Museum, Utrecht, 2004.
Grootmeesters van traditie naar hedendaagse kunst, Aborignal Art Museum, Utrecht, 2006.
Huub Blankenberg, Bob van Wely, Jan Jaap Haspeis, *Museum Guide-to the National Museum, Form Musical Clock to Street Organ*, National Museum van Speeiklok tot Pierement, 2005.

■ホールン
Hoornende VOC, De Collectiei van het Westfries Museum met betreking tot de VOC.
Speelgoed(circus,kermis,theater), Speelgoedmuseum, 1998.
Houten Speelgoed uit Eigen Land, Speelgoedmuseum, 1978.
Rund Spruit, Westfries Museum, 2005.

■ザーンセ・スカンス
Bob Ris en Strawford, *Zaanse Schans*, 1994.
Rob Kooijman, Jeroen Breeuwer, *De Zaansche Molen*, 2000.

■ライデン
Leiden and Surrounding Area, 2000.(『ライデンとその周辺』、日本語冊子)
Museum Gids, Rijksmuseum voor Volknkunde.
アルレッテ・カウヴェンホフェン、マテイ・フォラー『シーボルトと日本―その生涯と仕事』Hotei出版、二〇〇五年（日本語冊子）。

■ハーグ
Onder de Huid van Oude Meesters, Museum Bredius Den Haag, 2001.
Negenting jaar Legermuseum 1913-2003, LEGERMUSEUM DELFT,2003.
Jan van de Hoeve,Robert van Lit, Jori Zijlmans, *Zeven eeuwen Gevangenpoort-Van Voorpoort van het Hof tot museum-*, Dienst Stedelijke Ontwikkeling en Museum de Gevangenpoort, 2007.
M. C. Escher - Grafiek en tekeningen, TASCHEN、2006.
『マウリッツハイス、ガイドブック』王立絵画陳列室マウリッツハイス、二〇〇二年（日本語冊子）。
『マドローダムへようこそ』マドローダム（日本語冊子）。
■デルフト
Delft, Bekking&Blitz Uitgevers, B, V, 2006.
Drs. T. G. Kootte/Drs. L. L. M.Eekhout, *Het Prinsenhof Th Delft*, 1985.
Redesigning the National Museum of Ethnology, The Nationl Museum of Leiden, 2003.
Von Plateelbakkerij tot Royal Delft - From Pottery to Royal Delft, 2003.
Steven Braat, Jos Hilkhuijsen, Michil Kerrten, *Museum Huis Lambert von Meerten Delft,* Rijksdienst Beeldende Kunst, 1993
Kleinood aan een Delftse gracht, Museum paul tetar van elven, 2004.
In de voetsporen van Willem van Oranje, Museum, Her Prinsenhof, Delft, Erfgoed Drft, 2007.
■ロッテルダム
Vreoge Nederlandse schilderkunst in het Museum Boijmans Van Beuningen, MESEUM BOIJMANS VAN BEUNINGEN.
The collection, Museum Boijmans Van Beuningen.

著者略歴

中村　浩（なかむら　ひろし）

1947年大阪府生まれ。1969年立命館大学文学部卒業、大阪府教育委員会文化財保護課をへて、1975年より大谷女子大学。現在、大阪大谷大学（大谷女子大学から校名改称）文化財学科教授。博士（文学）。

【主要編著書】
『陶邑』Ⅰ～Ⅲ（大阪府教育委員会、1976～78年）、『和泉陶邑窯の研究』（柏書房、1981年）、『古墳文化の風景』（雄山閣出版、1989年）、『新訂・考古学で何がわかるか』（芙蓉書房出版、1999年）、『博物館学で何がわかるか』（芙蓉書房出版、1999年）、『概説・博物館学』（共著、芙蓉書房出版、2002年）、『ぶらりあるきパリの博物館』（芙蓉書房出版、2005年）、『ぶらりあるきウィーンの博物館』（芙蓉書房出版、2006年）、『ぶらりあるきロンドンの博物館』（芙蓉書房出版、2006年）、『ぶらりあるきミュンヘンの博物館』（芙蓉書房出版、2007年）、『新しい博物館学』（共著、芙蓉書房出版、2008年）

ぶらりあるき　**オランダの博物館**

2008年 9 月25日　第 1 刷発行

著　者
中村《なかむら》　浩《ひろし》

発行所
㈱芙蓉書房出版
（代表 平澤公裕）
〒113-0033東京都文京区本郷3-3-13
TEL 03-3813-4466　FAX 03-3813-4615
http://www.fuyoshobo.co.jp

印刷／モリモト印刷　製本／協栄製本

ISBN978-4-8295-0432-1